아모스와 예언서 해석

아모스와 예언서 해석

정중호

지음

계명대학교 출판부

책머리에

주전 8세기 후반은 이스라엘 역사상 격변의 시기였고 혼란이 가중된 시대였다. 동시에 갑자기 여러 예언자들이 등장한 시대이기도 하였다. 주전 748년 일어난 대지진으로 집이 무너지고 땅이 꺼지며 많은 사상자가 발생하였다. 그리고 북왕국 이스라엘은 빈번히 일어난 쿠데타와 학살사건이 이어지다가 결국 앗수르에 의해 멸망당해 버렸다. 강력한 앗수르의 세력 앞에 바람 앞의 등잔불 같은 약소국가인 유다도 두려움에 휩싸여 있었다. 그러나 히스기야의 등장으로 대담하게 앗수르와 맞서서 일전을 벌이기도 하였다.

이사야, 아모스, 호세아, 미가 등의 예언자들이 갑자기 주전 8세기 후반에 등장하였다. 그들은 정의를 외쳤으며, 하나님의 법을 어기고 약자를 착취하며 가난한 자를 억압하고 있는 현실을 폭로하였다. 그리고 심판을 선포하고 회개를 촉구하였다. 이 가운데도 아모스가 가장 강력하고 예리하게 불법을 지적하며 정의를 소리 높여 외쳤다.

현재 한국인들은 자본주의를 기반으로 경제활동을 하고 있지만 빈부 격차가 갈수록 심해지고, 무한경쟁 속에서 공동체 의식이 점점 약화되어 가고 있다. 하나님은 오늘의 우리의 상황을 어떻게 보고 계실까? 아모스를 해석하여 그 해답을 얻고자 한다. 동시에 여러 예언서들 가운데 핵심적인 부분을 해석하여 오늘의 우리 사회를 치유하고 새롭게, 그리고 올바르게 일어설 수 있는 길을 찾고자 한다. 또한 예언자들이 국제정세를 면밀히 파악하여 국가가 어느 방향으로 어떻게 나아가야 할지를 정확하게 제시하였다는 점을 주목하면서 오늘의 우리 상황을 타개할 수 있는 지혜를 얻고자 한다.

본 저서에서는 예언서를 설교라는 측면에서도 조명하였다. 살아계신 하나님께서 예언자들에게 말씀하시고 보여주셨을 뿐 만 아니라, 지금도 설교자들을 통해서 말씀하신다는 신학의 바탕에서 예언서를 보는 것이다. 그리고 예언서 자체를 고대의 설교문으로 보고 해석하였다. 따라서 자연스럽게 본 해석서는 설교를 염두에 두고 해석하게 될 것이고 그 결과는 설교의 주제가 될 수 있을 것이다.

그동안 예언서를 연구하며 해석하는 가운데 함께 토의하며 하나님의 가르침을 체험해 온 계명대 학부학생들, 그리고 대학원 세미나에 참여하신 여러분께 감사의 마음을 전한다. 더불어 설교를 통해 은혜를 나누어 온 여러 성도들에게도 감사의 마음을 나누고 싶다. 히브리어가 들어 있어서 편집에 어려움을 겪으면서도 성심을 다해 책을 출판해 주신 계명대학교 출판부 여러분께 깊이 감사드린다.

2016년 4월

계명대학교 연구실에서

정 중 호

차례

제1부 예언과 예언자

제2부 아모스 해석

| 제3부 | 예언서 해석

서론

예언자는 설교자였다. 예언자는 하나님의 뜻을 그 시대 사람들이 이해할 수 있는 언어로 전달하는 사람들이었고 언어를 정밀하고 또 효과적으로 사용할 줄 아는 사람들이었다. 특히 시적인 감흥에 예민한 사람들이었고 듣는 사람들이 쉽게 기억하고 쉽게 전할 수 있도록 말을 다듬을 줄 아는 사람들이었다.

그러나 예언자들이 설교(예언)하는 현장은 오늘날의 설교 현장과는 비교가 되지 않을 정도로 열악하였다. 오늘날에는 예배 가운데, 주목하여 들을 준비가 되어 있는 상황에서 설교가 시작되지만, 이스라엘에 시는 성전 부근에서, 심지어 거리에서, 주위가 소란한 가운데서 외치는 예언(설교)들이 많았다. 그만큼 예언자들은 힘들게 하나님의 뜻을 전하였으며, 효과적으로 전하기 위해 각고의 노력을 기울인 사람들이었다.

이제까지 아모스와 예언서들을 해석할 때 양식사 비평 위주로 해석하여 예언을 작은 단위로 파편화 시킨 문제점이 지적되었다. 본 저서는 예언이 일종의 설교라는 점을 주목하면서 해석단위를 크게 구분하여 해석할 것이다. 이러한 해석을 통해 새로운 메시지를 발굴하려 한다. 동시에 제의 비평에 있어서도 예언자들이 무조건 제사를 소용없는 것으로 비판하는 것이 아니라는 점도 밝힐 것이다.

예언을 해석할 때 다양한 해석 방법을 적절히 활용할 것인데 그 가운데 독자중심해석방법과 사회학적 비평 방법을 많이 활용할 것이고 감성적 해석 방법도 활용할 예정이다. 예언활동이 신비한 내용을 암호같이 전달하는 것이 아니라 현실의 삶 속에서 하나님의 나라를 이루는 노력의 일환임을 주목하면서 예언서들을 해석할 것이다. 이러한 해석을 통해서 구약 자체에서 우러나오는 새로운 메시지를 발굴할 수 있기를 기대한다.

또한 예언자는 공동체의 한 사람으로서 공동체라는 배가 침몰될 때 함께 물에 빠진다는 공동체 정신으로 무장된 사람들이었다. 따라서 절박한 심정이 묻어나는 예언이었으며 공동체의 건강을 누구보다 염려하는 사람들이었다. 특히 아모스의 경우 왜곡된 경제 구조 속에서 허우적거리며 침몰해가는 이스라엘이라는 배에 대해서 경고의 나팔을 불면서, 동시에 그 배를 다시 일으켜 보려고 혼신의 힘을 기울였다.

본 저서는 아모스를 해석하는 제2부의 내용을 주축으로 하여 전체를 3부로 나누었다. 제1부에서는 공동체의 흥망성쇠에 깊이 관여하고 있는 예언자의 모습을 분석하였고, 예언과 묵시의 관계를 종말론과 연결하여 살펴보았다.

아모스를 해석하는 제2부에서는 아모스를 직접 히브리어 성경에서 번역하면서 해석하였는데 설교를 위한 메시지를 발굴하는 일에 중점을 두었다. 특히 당시 역사적 정황과 연결하여 예언의 시대적 사명을 주목하면서 해석하였다. 먼저 구조를 분석하여 본문의 뼈대를 점검한 후 각 세부적인 부분을 해석하는 형식으로 진행하였다.

제3부는 설교를 위해 예언서를 해석한 글들인데 메시지 중심의 해석이라 할 수 있다. 성경을 해석할 때 논문을 작성하기 위해 해석하는 경우와 설교를 위해 해석하는 경우, 미묘하게 서로 다른 해석의 결과가 발생할 수 있다. 이러한 경험은 실제로 성경을 해석해 볼 때 느낄 수 있는 것이다. 그만큼 설교를 의식하면서 성경을 해석할 때 특별한 해석이 나올 수 있는 여지가 넓어지게 된다.

그동안 주전 8세기 후반에 나타나 활동한 예언자들을 중심으로 예언서 해석을 진행해 왔는데 미가를 제외한 이사야, 호세아, 아모스 등의 예언서 해석을 마무리 하였다.[1] 특히 이사야는 3권의 책으로 나누어 해석하여 출판하였다. 예언서 미가도 부분적으로는 해석을 해왔지만 언젠가 미가 전체를 해석할 날이 오기를 고대하고 있다. 전기예언서 부분은 열왕기하를 해석했으며 대한기독교서회 성서주석 시리즈에 포함되어있다.[2]

---

1) 정중호, 설교자를 위한 호세아 해석 (크리스천헤럴드, 2006); 정중호, 이사야 1-23 (프리칭아카데미, 2009); 정중호, 이사야 24-39 (프리칭아카데미, 2010); 정중호, 이사야 II (대한기독교서회, 2003).

2) 정중호, 열왕기하, 성서주석 11 (서울: 대한기독교서회, 1995).

제1부
예언과 예언자

제1부 예언과 예언자

제1장 예언자와 국가의 흥망성쇠

예언자들은 장래의 일어날 일들을 미리 예언(豫言)하는 일도 하지만 근본적인 역할은 하나님의 말씀을 맡아서 전하는 예언(預言)활동이었다. 예언자를 선지자(先知者)라고도 하는데 히브리어 '호제' 즉 '보는 자'라는 단어를 번역한 것이다. 그 의미도 단순히 "미리 보는(아는) 자"라는 뜻이라기보다 "하나님의 말씀에 접하고 그 말씀을 이해하는 사람"이라는 의미가 더 중요하다.

예언자들이 장래의 일을 말할 때도 그 예언이 현재의 사람들을 각성시키고 결단하게 만드는 점에 주목하며 활동하였다. 다시 말하면 선지자들은 철저하게 현실문제와 씨름하는 사람들이었고 그 삶의 한복판에서 살아계신 하나님의 말씀이 강물같이 흐르도록 물꼬를 틀고 땀 흘리며 수고를 아끼지 않은 사람들이었다. 따라서 예언자들은 장래 일을 예언할 때도 장래의 일을 정확하게 알아 맞추는 것보다 이 예언이 현재 어떤 영향을 미칠 수 있을까에 더 관심을 기울이는 경우가 있을 수 있다.

예언자들은 삶의 총체적인 상황을 보면서 예언을 하였기에 예언 내용도 광범위한 면이 있다. 예언이 신학적인 내용을 중심으로 구성되어 있지만 정치와 경제 그리고 국방, 윤리, 문화 등도 핵심적인 자리를 차지하고 있음을 볼 수 있다. 예언자는 하나님의 시각으로 하나님의 마음과 뜻을 전하는 사람들이기에 예언자의 시야는 개개인이나 한 부족에 한정되어 있는 것이 아니라 전 국가적인 시야를 가지고 있으며 더 나아가서 국제적인 시야를 가지게 된다. 때로는 나라의 흥망성쇠에 대하여 예언자가 적극적인 관심을 기울이기도 한다. 어떤 경우에는 예언자가 나라의 진로에 간여하고 적극적으로 나라를 이끌어 가려고하는 모습도 볼 수 있다. 벧엘 성전에서 진실한 하나님의 말씀을 예언했던 아모스는 국가에 대해 반역적인 정치적 발언을 했다고 고발당하였다. 벧엘의 제사장 아마샤가 듣기에도 아모스가 정치적인 발언을 한 것으로 이해될 만큼 아모스의 예언 내용에 정치적인 요소가 많이 포함되어 있었던 것이다. 아마샤는 아모스에게 말하기를 그러한 내용은 벧엘 성전에서 설교할 내용이 아니라 하면서 아모스를 추방하려 하였다.

> 아마샤가 아모스에게 말하기를, "선견자야 너는 유다 땅으로 도망하라. 그리고 거기서 떡을 먹고 거기에서나 예언하라. 다시는 벧엘에서 예언하지 말라 이는 왕의 성소요 궁궐이기 때문이다." (암 7:12-13).

H. W. Wolff는 말하기를 "예언의 역사적인 상황을 무시한 채 예언을 해석하려고 한다면 반드시 잘못된 결과를 낳을 것이다"라고 경고하였다.[3] 팔레스틴의 지정학적인 위치는 아시아와 유럽 그리고 아프리카와 아라비아 그리고 지중해를 연결짓는 통로에 위치하고 있으며 메소포타미아의 강대국과 이집트와의 중간 지점에서 역사적으로 수많은 전란을 겪을 수밖에 없는 위치였다. 이스라엘의 흥망성쇠는 국제적인 상황에 달려있다고 해도 과언이 아니었다. 국가의 문제를 깊이 분석하여 대안을 제시해야 하는 예언자들이 국가의 진로에 결정적인 영향을 미치는 국제상황에 대해 무관심할 수가 없었다. 따라서 예언자들은 국제상황에 민감하였으며 국제상황에 대한 예언활동을 적극적으로 펼쳤다.

물론 이스라엘을 중심한 예언활동이지만 하나님의 통치가 국제사회 전반에 걸쳐 행해지고 있음을 인정하고 국제사회의 상황변화 자체에 대해서도 관심을 가지며 예언활동을 하였다. 예를 들면 "열방에 대한 예언"(Oracles Against to the Nations)이 이러한 활동에 속한다고 볼 수 있다. 이제 국가 혹은 왕조를 일으킬 때 그리고 국가가 멸망할 때 그리고 국제적인 무역환경이 변할 때 혹은 국제적인 전쟁이 일어났을 때 예언자가 어떠한 역할을 하고 있었는지 살펴보기로 하자.

I. 엘리사

이스라엘의 초대 왕 사울과 새로운 왕조를 일으킨 다윗에게 기름

3) H. W. Wolff, *Hosea* (Philadelphia: Fortress Press, 1974), 21.

을 부어 왕으로 세운 사람은 예언자 사무엘이었다. 이처럼 국가를 일으키는데 혹은 새로운 왕조를 창시하는데 예언자는 기름을 부어 왕의 합법성을 종교적으로 지지해 주었다. 북 왕국 이스라엘을 창건한 여로보암의 경우에도 선지자 아히야가 적극 지지한 사실도 발견할 수 있다(왕상 11:29-40). 아히야의 행동은 솔로몬의 과다한 세금징수와 과중한 강제노역에 항거하는 일면도 담고 있지만[4] 국제정세의 변화와 때를 맞추어 북 왕국 이스라엘을 건국하는데 협조한 면이 있다.[5]

엘리사는 예언자로서 사무엘과 같이 즉위할 왕에게 기름을 부어주었다. 엘리사는 예후를 이스라엘 왕으로 기름부어(왕하 9:1; 생도가 대신 기름 부음) 주었고 오므리 왕조를 종식시키고 예후왕조를 창시하는데 결정적 역할을 하였다. 또한 엘리사는 이웃나라 시리아의 하사엘을 시리아의 왕으로 기름부어 새로운 왕조를 창시하게 하였다(왕하 8:7-15). 왕조를 창시하는 데만 관여하는 것이 아니라 외교적으로나 국제무역 면으로 부진함을 면치 못했던 예후왕조 시대에 엘리사는 여러 번 전투에 참가하여 국가를 방어하는데도 기여하였다. 그가 죽을 때 예후왕조의 요아스 왕은 "아버지여 내 아버지여 이스라엘의 병거와 마병이여"(왕하 13:14)하면서 애통함을 감추지 못했다. 예언자가 정치와 군사 그리고 경제면에 깊숙이 관여하고 있는 것은 하나님께서 이러한 일들에 깊이 관심을 기울이시기 때문이다. 국제 사회에 일어나는 모든 일들이 하나님의 통치영역 안에 있음을 보여주고 있는 것이며

---

4) D. B. Redford, "Studies in Relations Between Palestine and Egypt during the First millennium BC: I. - The Taxation System of Solomon," in *Studies in the Ancient Palestinian World*, ed. by J. W. Weavers and D. B. Redford (Toronto: University of Toronto, 1972) 141-56.

5) 정중호, "고대 이스라엘의 남북 관계에 관한 역사적 연구," 기독교사상 406(1992.10), 51-53.

현세의 삶이 하나님의 관심분야임을 증거해 주고 있는 것이다.

II. 호세아

호세아는 "브에리의 아들 호세아"라는 이름으로만 소개되어 있다. 이사야와 마찬가지로 호세아를 간략하게 소개한 것은 더 이상 설명을 하지 않아도 이미 인정받고 있는 예언자였기 때문에 이름만 소개한 것으로 보인다. 호세아는 주전 750-719년 기간에 예언한 예언자였다. 사마리아 성이 주전 722년 함락당하고 이스라엘이 앗수르에게 멸망당했으니 호세아는 나라의 멸망을 바라보며 비통한 심정으로 예언 활동을 한 것이다. 그리고 호세아가 활동한 지역은 북왕국인 이스라엘에서 예언했는데 주로 사마리아를 중심으로 활동하였다. 북왕국 이스라엘이 쿠데타와 외교정책의 혼미로 멸망으로 치닫고 있었을 때 하나님의 말씀을 외친 호세아는 이스라엘의 멸망과 더불어 예언을 마감하였다. 한 가지 염두에 둘 것은 이스라엘의 마지막 왕 호세아(주전 730-722년)는 이름이 동일하고 시대도 겹치지만 예언자 호세아와는 다른 사람이라는 사실이다.

보통 호세아는 "인애"를 외치는 예언자로 그리고 우상숭배 특히 바알 숭배에 대해 날카롭게 비판한 예언자로 알려져 있다. 그러나 시대적 배경을 보면 이 시대가 국제적 급변기에 속하고 이스라엘의 멸망직전이었으며 외교적 갈등이 첨예화되어 있었던 시기였음을 감안해 볼 때 호세아의 예언이 국제정세와 무관할 수 없었음을 짐작할 수 있다.

J. H. Hayes의 주장에 의하면 호세아에 나타나는 "바알"이란, 국제조약의 파트너를 가리키며, "연애하는 자"(호 8:9)는 조약을 맺거나

동맹하는 파트너를 지칭한다는 것이다(왕상 5:15; 개역개정은 왕상 5:1).[6] 창세기 14장 13절에 보면 아브라함과 더불어 외적과 싸운 사람들은 바알리브리트 아브람이라 불려졌는데 그 의미는 "아브라함과 조약을 맺은 사람들"이란 뜻이다. 이러한 시각으로 호세아를 다시 보면 호세아는 당시의 당면과제인 국제외교 문제와 국내의 분쟁을 가장 핵심적인 설교 주제로 설정하고 있음을 발견할 수 있다.[7] 다시 말하면 국가가 멸망으로 치닫고 있는 현 상황을 가장 중요시 하였다는 것이다.

"음행"이라는 단어는 도덕적 혹은 종교적 우상숭배를 나타내는 말이기도 하지만 정치적인 배신행위를 나타내는 말이기도 하다. 호세아는 예후왕조를 비판하기도 하였지만(호 1:4) 예후왕조 이래로 계속되어 온 친 앗수르 정책을 옹호하고 있었다. 호세아는 친 앗수르 정책이 평화를 유지할 수 있는 현실적인 방법임을 알고 있었으며 그러기에 반 앗수르 세력이며 내란을 일으키고 있는 베가와 살룸을 신랄하게 비판한 것이다. 호세아가 길갈 성전에 가지 말라는 것은 단순히 성전에 가지 말라는 종교비판을 하는 것이 아니라 길갈이 반란 세력인 베가 세력의 중심 성전이었기 때문이다(호 4:15).[8] 그리고 호세아가 우상숭배를 비판하는 것도 반란과 관계가 있다. 즉 하나님의 이름을 들

---

6) J. H. Hayes, "Understanding the Book of Hosea," 한국구약학회 1966년도 춘계세미나에서 발표한 논문. 산헤립 비명에 보면 에그론 왕이 앗수르 왕과의 조약관계에서 파트너로 이해되는 '벨아데'로 불리어지고 있다.

7) 호세아 시대에 계약에 관한 개념에 대해서는 다음의 논문을 참조하라; J. H. Hayes, "Covenant," *Mercer Dictionary of the Bible* (W. L. Mills ed.; Macon: Mercer University, 1990), 177-181.

8) J. H. Hayes, *Amos, The Eighth-century Prophet: His Times & His Preaching* (Nashville, 1998), 143.

면서 국제조약을 체결한 친 앗수르 정책을 버리고 지중해 연안의 다른 나라들과 손을 잡고 반 앗수르 조약을 체결하는 행태를 "음행"이라 혹은 우상숭배라 단정하여 비판하는 것이다.[9)]

호세아는 국제정세의 변화에 민감하게 대처하는 예언자였으며 국제정세와 관련된 조국이 멸망당하지 않도록 끝까지 노력한 예언자였다. 호세아는 자기의 가족이며 이웃인 이스라엘 백성이 파멸로 치닫고 있는 모습을 보면서 그들을 구해 보려고 혼신의 힘을 다해 하나님의 말씀을 외쳤다. 1장부터 호세아는 자신의 가족 이야기를 하면서 하나님과의 관계와 구원의 길도 가족 이미지를 활용하여 제시하였다. 하나님과 이스라엘의 특별한 관계는 "내 백성"이라는 단어에 녹아있는데, 하나님이 이스라엘을 부를 때 "나의 백성"이라 부르면 이스라엘은 "나(우리)의 하나님"이라 화답하기를 하나님이 원하신다고 호세아는 강조하였다. 그의 예언은 이스라엘이 살아남을 수 있는 외교정책을 제시한 것이었지만, 이스라엘 대신들과 왕은 멸망하는 외교정책을 시행하였던 것이다.

III. 이사야

이사야를 펼쳐보면 예언자 이사야에 대한 소개가 없고 "아모스의 아들 이사야"라는 이름만 나타난다. 아마도 이사야는 널리 알려진 예언자로서 당시 대부분의 사람들이 예언자 이사야가 누구인지 이미 알고 있었기 때문에 굳이 소개할 필요가 없었을 것으로 짐작된다. 역대

9) 정중호, "에브라임은 어리석은 비둘기," 그 말씀 26호 (1994/9), 137-47.

기 기자는 예언자 이사야가 웃시야 왕의 행적을 기록하는 왕실의 서기관으로도 활동하였다고 전한다; "웃시야의 시종 행적은 아모스의 아들 선지자 이사야가 기록하였더라"(대하 26:22). 이사야는 왕과 대화를 나누는 위치에 있었으며 국가의 중대사를 결정하는데 깊이 관여하여 활동한 예언자였다. 이사야의 예언활동은 주전 747년부터 시작하여 주전 700년까지 장기간 계속되었으며, 이사야는 요담 왕과 아하스 왕, 히스기야 왕과 함께 국가를 인도한 지도자였다.

이사야는 대지진이 일어난 주전 748년 직후부터 예언활동을 시작하였는데 주전 734년부터 일어난 시리아-에브라임 전쟁 때 국정에 깊이 관여하였으며 그 자세한 내용은 이사야 6-12장에서 찾아볼 수 있다. 주전 734년 취약한 북왕국 이스라엘의 정세는 쿠데타를 만나 혼미한 가운데 있었다. 드디어 베가가 쿠데타에 성공하여 사마리아를 점령하고 왕위에 올랐다.[10] 그는 시리아의 후원을 받았으며 반 앗수르 세력의 주동자였다. 한편 유다는 오므리 왕조에서 예후왕조를 거쳐 브가히야 왕에 이르기까지 거의 한세기 반 동안 이스라엘의 속국과 같은 약세로 지내왔다. 이 기간 동안 이스라엘이 유다의 외교권을 장악하여 종주국으로 행세해 왔던 것이다. 이제 베가가 등장함으로 이스라엘의 외교정책은 반 앗수르로 돌변하기 시작하였다. 그러나 국제정세의 흐름에 비추어 보아 이러한 정책은 멸망을 자초하기 알맞는 정책으로 판단한 유다의 아하스 왕과 예언자 이사야는 이스라엘의 우산에서 탈퇴하여 독립을 선언하고 독자적인 노선을 걷기 시작하였다. 친앗수르 정책을 유다는 계속 고수한 것이다.

이사야는 이러한 외교정책 결정에 강력한 영향력을 행사했으며 친앗

10) H. J. Cook, "Pekah," *VT* 14(1964), 121-135.

수르 정책을 고수하려는 아하스 왕을 적극 지지하였다. 비록 이스라엘 왕 베가와 시리아 왕 르신이 유다 왕을 암살하려고 시도하기도 하고 연합군을 형성해서 예루살렘을 공격하기도 하였지만 아하스 왕과 이사야는 굴복하지 않고 끝까지 저항하였다.[11] 결국 이스라엘은 반앗수르 정책으로 앗수르의 침공을 받아 멸망당하였다. 반면 친앗수르 정책을 고수한 유다는 건재하여 살아남을 수 있었다. 한 예언자의 국제정세 변화에 대한 정확한 판단과 올바르게 결정된 정책을 고수하는 결단력 있는 자세가 유다를 멸망의 위기에서 건져낸 것이다.

그러나 이사야는 친 앗수르 정책을 평생 지지한 것은 아니었다. 히스기야 시대에는 반앗수르 정책을 지지하였고 앗수르에 대항해서 전쟁을 치르는 히스기야 왕을 적극 격려하기도 하였다. 예언자 이사야는 국제정세의 변화에 능동적으로 대처하는 외교정책을 구사한 것이라 볼 수 있을 것이다. 동시에 이러한 외교정책 변경은 하나님의 뜻임을 확인한 이사야의 행동으로 볼 수 있다.

이사야는 강대국이 국제정세를 주도하는 것이 아니라 하나님의 통치 아래 국제정세가 흐르고 있음을 역설하였다. 이사야 13장(바벨론에 대한 심판예언)의 경우를 보면 하나님이 바벨론을 공격하는 앗수르와 함께함을 볼 수 있다. 즉 앗수르가 하나님의 도구라는 것이며 이는 국제관계도 하나님의 통치하에 있음을 보여준 예언 내용이다.[12]

---

11) B. Oded, "The Historical Background of the Syro-Ephraimite War Reconsidered," *CBQ* 34(1972) 153-165.

12) J. H. Hayes and S. A. Irvine, *Isaiah: The Eighth-Century Prophet: His Times and His Preaching* (Nashville: Abingdon Press, 1987), 223.

IV. 예레미야

예레미야의 예언활동은 고난의 연속이었다. 예레미야는 유다의 멸망을 직접 목도한 예언자로 앗수르의 퇴조와 바벨론의 강세 속에서 힘겨운 예언활동을 하였다. 그의 예언활동은 요시야 왕이 통치하던 주전 626년부터 시작되었으며 유다가 멸망하고 이집트로 끌려간 후 주전 570년까지 예언활동을 계속하였다.

예레미야는 국제정세가 바벨론에 의해 좌우되는 세력 개편의 흐름을 정확히 진단하고 유다 왕들과 백성들에게 친바벨론 정책을 고수할 것을 강력히 권하였다. 그는 친바벨론 정책이 하나님의 뜻임을 분명히 하였으며 외교정책이 국가의 흥망을 좌우함을 누누이 강조하였다.

예레미야는 친 이집트 외교정책이 잘못되었음을 알리기 위해 목에 멍에를 메고 예루살렘 거리를 다니면서 이와 같이 바벨론에 포로로 잡혀갈 것이라고 행동으로 설교하였다. 그러나 왕과 백성들은 예레미야의 예언에 귀를 기울이지 않았다. 왕은 예레미야가 건네준 예언의 말씀을 불 속에 집어 던졌으며(렘 36:20-23) 거짓예언자 하나냐는 예루살렘이 결코 망하지 않을 것이라 예언하였다. 예레미야는 친바벨론 정책을 주장하였다는 죄목으로 감옥에 갇혀 죽을 고비를 당하기도 하였다.

그러나 지중해 연안 국가들이 반 바벨론 반란을 일으킬 때마다 유다는 술렁거렸으며 유다 내부에도 바벨론의 멍에를 벗고 느슨한 통치를 하는 이집트를 선호하는 경향이 있었다. 결국 여호야김 왕도 이러한 흐름에 편성하여 친 이집트 정책을 취하게 되었고 이로 인해 예루살렘은 주전 597년 바벨론에 의해 1차 점령을 당하게 되었다. 여호야긴 왕이 바벨론으로 끌려가고 시드기야가 유다 왕으로 등극하였지만 이 왕도 결국 친 이집트 정책을 펴다가 바벨론에 의해 포로로 잡혀가고 유다는 주전 586년 멸망당하고 말았다.

V. 맺는말

강대국의 틈바구니 속에서 그리고 양대 무역권 속에서 국가의 흥망성쇠의 한복판에서 그 상황을 개선하려고 혼신의 힘을 다하는 예언자들의 역할을 살펴보았다. 예언자들이라면 부자와 권력가들에 항거하며 타도를 부르짖는 야당으로 인식하기 쉬우나 때로는 권력가들을 옹호하는 여당의 역할을 하고 있음을 발견할 수도 있다. 이사야와 엘리야의 경우에서 그 예를 찾을 수 있다. 예언자의 과녁은 부의 재분배를 방해하고 합법성을 가장하여 착취하고 억압하는 구조적인 악이지 특정 계층의 사람들은 아니었음을 알 수 있다. 더 나아가서 국제정세의 변화 속에서 국가의 흥망을 앞에 두고 결단을 해야할 때 경우에 따라서는 국가의 지도자들과 권력가들의 권위를 세워주고 인도해주는 역할을 하기도 하였다. 이사야의 경우가 가장 극명한 예이다.

예언자들이 다수 출현하는 상황을 분석해 보면 국제정세의 변환기적 상황이나 혼미한 국제상황임을 알 수 있다. 주전 8세기 후반의 상황이 바로 그러한 상황이었다. 예언자들은 그 시대가 요청하는 지도력을 십분 발휘하여 적극적으로 현실 문제 해결에 기여하였다. 결코 현실을 "망할 세상"으로 매도하지도 않았고 현실도피도 하지 않았다. 특히 현실문제가 국가의 흥망과 관련이 있을 때는 적극적으로 국제정세를 파악하고 국가를 올바로 이끌기 위해 그 문제의 핵심을 진단하여 그 대응방안을 구체적으로 제시하였다. 이사야와 호세아 그리고 예레미야의 경우에서 그 예를 명확히 발견할 수 있다.

중요한 것은 예언자들이 정치와 군사 그리고 경제적인 분야의 전문가는 아니었지만 그 분야의 일들에 깊이 관심을 가지고 동참하였다는 사실이다. 이는 하나님의 통치영역에 국가의 흥망성쇠가 포함되어 있는 것을 말하며 현실의 삶을 주도적으로 인도하시는 하나님의 모습을 구체적으로 표현한 것으로 볼 수 있다. 방법은 다를 수 있으나 현대를 살아가는 "하나님의 자녀들" 또한 국가의 흥망성쇠에 관여할 수밖에 없다. 왜냐하면 역사를 주관하시는 하나님은 오늘도 이 일을 위해 깊이 관여하시며 이끌어 가시기 때문이다.

제2장 예언과 묵시, 그리고 종말론

I. 서론

본 장의 목적은 역사와 종말이라는 큰 주제아래 구약성경에서 발전되고 표현된 예언과 묵시에 대해 고찰하고자 한다. 그리고 구약성경의 종말론에 대해서는 예언적 종말론과 묵시적 종말론의 관련성에 관해 초점을 맞추며 논의하게 될 것이다.

그런데 이 논제를 전개하기 이전에 우리는 우리가 쓰는 용어들을 먼저 명확히 정의할 필요가 있다고 본다. 보통 묵시시상과 종말론을 거의 동일시하는 경우가 있는데 이 용어들을 좀 더 명확히 정의할 필요가 있다고 본다.

Paul D. Hanson은 묵시(Apocalypse)를 문학의 한 장르인 표현도구로 보았고 이러한 묵시는 성경에서 소위 '묵시문학'이라고 분류하는 다니엘이나 요한계시록 외에도 나타난다고 지적하였다.[13] 예를 들면 예수의 비유 가운데도 묵시가 포함되어 있다는 것이다. 그리고 묵시사상(Apocalypticism)이란 어떤 한 사회 집단이 극도로 소외를 느끼거나 박해를 받을 때 반응하여 형성된 사상을 말하는데 사회 종교적 운동의 한 이데올로기로 나타난다. 이러한 사상을 가진 집단들은 은둔하여 이상향을 꿈꾸거나 반발하여 혁명 세력이 되기도 한다.

종말론은 세상 끝 날에 일어날 일에 관심을 가지는 것으로 일반적으로 이해되고 있는데 보통 묵시적 종말론(Apocalyptic eschatology)

---

13) Paul D. Hanson, *IDBS*, 28-31.

을 가리킨다. 그러나 종말론의 범위는 묵시라는 문학의 장르나 묵시사상에 한정되지 않으며 종말에 대한 종교적 견해 전체를 아우르는 경향이 있다. 이러한 광의의 개념에는 예언적 종말론도 포함시킬 수 있다.

예언적 종말론과 묵시적 종말론의 관계를 연구한 학자 가운데 O. Plöger의 연구를 보면, 시기적으로 포로전기와 포로후기까지는 예언적 종말론이 우세하고 중간시대를 거치고 마카비 시대에 이를 때는 다니엘과 같은 묵시적 종말론이 득세하고 있는 것으로 구분할 수 있다.[14] 따라서 이러한 시대적 구분을 염두에 둔 P. D. Hanson과 마찬가지로 O. Plöger도 묵시사상의 기원을 예언자들에게 찾아보려 연구한 학자였으며 그의 주장 또한 어느 정도 설득력 있어 보인다.

본 연구는 이러한 주장에 일부 동의하면서도 1단계 예언적 종말론이 시작되고 그 다음 2단계에서 묵시적 종말론이 순차적으로 나타났다는 주장에 대해서는 의문을 제기하고자 한다. 보다 더 다른 개념으로 이 양자의 상호 관련성을 살펴보려는 것이다.

---

14) O. Plöger, *Theocracy and Eschatology*, Engl. trans (Richmond: John Knox Press, 1968), 105-109.

II. 예언적 종말론과 묵시적 종말론의 극단적 구분

	예언적 종말론	묵시적 종말론
역사관	역사적 – 역사 안에서 성취되는 종말 예(장래에, 그날에) 역사는 하나님의 자유 속에 열려있다. (심판–회개–용서)	초역사를 포함한 2원론적 역사관 현재의 역사가 마감하고 이 역사를 넘어선 다른 차원의 새 시대를 바라보는 역사관 역사는 결정되어 있으며 단계적으로 진행되어 간다. (반드시 파괴되고 새 것이 등장함 – 다니엘의 4왕국)
시각의 범위	비교적 민족주의적, 이스라엘과 다윗왕조의 승리, 지상적 메시야 – 이스라엘의 왕, 제사장, 예언자	우주적 승리, 우주적 희망 인간 다윗대신 초자연적, 신적인 人子가 통치하는 희망 메시야 – 신, 우주적 통치자
하나님의 통치	역사의 주인, 살아 계신 하나님께서 불꽃같은 눈으로 모든 것을 살피시고 친히 인도하신다. "눈동자같이 보호하신다" 하나님 통치가 현실에 충만하다.	현실은 악의 세력이 지배할 뿐이다. 곧 하나님께서 개입하셔서 이 악한 시대를 부수고 새 시대를 열어서 하나님께서 완전히 통치하신다.

위의 표는 공통점을 일단 제외시킨 특수성만을 지적하려는 목적으로 구분하여 본 것이다. 이러한 표를 보면 과연 연결점이 있을까 의문스러울 정도로 확연히 배치되는 2개의 종말론을 볼 수 있다. 예언과 묵시의 거리가 상당히 멀어 보인다.

한 가지 지적할 것은 예언에 비해서 묵시가 오해 받기도 하였고 때로는 비난을 받기도 했다는 점이다. 그러나 E. K. Käsemann은 "묵시문학은 기독교 신학의 어머니였다"라고 할 정도로 묵시문학을 소중하게 여겼다.[15] 묵시문학은 박해시대를 그 배경으로 하고 있다는 사실을 염두에 두어야 한다. 극한적인 고통과 고난이 계속되는 박해 시대에, 도무지 희망을 찾기 어렵고 사방에 절망만 가득한 시대에는 이러한 묵시문학이 아니고서는 힘을 얻을 수 있는 메시지를 찾기 어렵다는 사실이다.

III. 예언적 종말론과 묵시적 종말론의 연결점

1. 창조 전승의 공유

1) 우주적 종말론 (Cosmic Eschatology)

예언자들은 창조전승을 알고 있었고 그들의 설교 가운데 창조 전승을 활용하였으며 재해석하여 적용한 모습을 많이 발견할 수 있다. 창조전승은 포로기의 제2이사야나 포로후기의 예언서 등에서 특히 많이 활용되었는데 전기 예언서에도 역시 활용되었다. 이사야에서 그 예를 찾아 볼 수 있다(사 2:22; 24-27장).

창조전승의 특징 중 하나는 창조 전승의 시각이 우주적이라는데 있다. "야웨께서 땅을 공허하게 하시며 황무하게 하게 하시며 뒤집어엎으시고 그 거민을 흩으시리라."(사 24:1)에서 창세기 1장 1절에서부터 바벨탑까지의 사건을 연상시키는 분위기를 느낄 수 있다. 창조전승을 통해 얻은 신화적이며 우주적인 시각은 우주적 종말론(Cosmic

15) E. K. Käsemann, *New Testament Questions of Today*, Engl. trans (London: SCM Press, 1969), 102.

Eschatology)을 배태하게 되었고 이 우주적 종말론은 곧 묵시적 종말론이 태어날 수 있는 토양을 마련하였다.

2) 창조와 새 창조

묵시적 종말론에서는 현재의 역사와 전혀 다른 "새 하늘과 새 땅"을 강조한다. 이것은 곧 "하나님의 새로운 창조"를 대망하는 것이요 전혀 다른 새로운 시대를 희망하는 모습이다. 이 새 창조에 대한 대망은 창조 전승에서 하나님은 창조주라고 외치는 그 외침에 이미 포함되어 있는 것이다.

태초에 천지를 창조하신 분은 그 어느 때나 새로운 창조활동을 하실 수 있기 때문이나.

이 새 창조의 예언은 "옛것과 새 것"을 대비시키는 제2이사야의 예언에서 가장 빈번하게 찾아볼 수 있다. 전혀 조화될 수 없다고 여겨지는 예언자의 역사관과 묵시문학의 이원론적 역사관이 "새 창조"를 이야기하는 창조전승 속에서 녹아들어 있음을 발견할 수 있다.

2. 야웨의 날

야웨와 이스라엘 민족을 구원하고 승리를 안겨주는 날이 야웨의 날이라는 전통적 신앙을 예언자들이 정면으로 부정하면서 야훼의 날은 야웨의 심판의 날임을 일깨워주었다(사 2:6-22). 예언자들마다 야웨의 날을 재해석하면서 야웨의 통치가 확실하고 그의 통치가 역사 안에 충만함을 강조하였다. 그러나 야웨의 날을 여러 가지로 해석하는 가운데 결코 간과할 수 없는 면은 바로 야웨의 무한한 능력과 우주적인 승리를 가져올 수 있는 승리의 야웨상이다.

어떠한 경우에도 야웨의 승리는 확실하고 야웨의 능력을 능가할 것은 있을 수 없다는 생각이다. 따라서 우주적인 종국적인 야웨의 승리를 강조하는 묵시적 종말론은 예언자들이 부르짖었던 야웨 통치개념의 야웨의 날에서 그 뿌리를 찾을 수 있게 된다.

창조전승에서 강조하는 바는 인간이 시간을 창조할 수 없고 인간은 시간이라는 차원 안에 있는 피조물이라는 사실이다. 따라서 미래라는 시간은 전적으로 하나님의 소유물이며 미래는 하나님의 자유로움 속에서 새롭게 창조되어질 수 있게 된다. 묵시적 종말론에서 마지막 미래는 인간의 역사의 연속이 아니라 전적으로 하나님의 새로운 선물이라는 역사의 단절과 불연속성이라는 새로운 것도 창조전승에는 포용되어지는 사건이다.

3. 시대적 상황 속에 선포된 현재적 메시지

예언자의 메시지는 그 시대적 상황을 떠나서 이야기할 수 없다. 장래에 대한 예언도 과거에 대한 비판도 오늘의 결단을 위한 보조도구일 뿐이며 철저하게 살아 계셔서 오늘의 메시지를 주시는 하나님을 제시하였다. 예언자의 말은 오늘의 땅을 딛고 서 있는 사람의 말이었던 것이다.

묵시문학가도 마찬가지다. 그들이 종말을 이야기할 때 그들은 미래학 혹은 미래에 대한 정보에 관심을 두는 것이 아니라 오늘을 어떻게 견뎌낼 것인가 하는데 관심이 있다. 묵시사상이 왕성한 시기를 보면 극심한 박해 시기나 극심한 소외와 박해를 당했던 집단에서 묵시사상이 발전하고 융성되었음을 알 수 있다. 묵시사상은 결코 사변적이며 지적인 산물이 아니라 고난당하고 박해받는 자가 희망이 보이지 않을 때 하나님께 부르짖는 "언제까지 니이까?"(아드마타이)하는 외마디를 설명한 것이다.

따라서 묵시사상은 극심한 박해와 고통을 언제까지 견뎌야하느냐 하는 마지막 시간, 고통의 마지막 시간을 애타게 기다리며 그 마지막 시각이 있음을 이 악한 현실의 종말이 있음을 강조하고 하나님의 승리를 강조한 사상이다. 하나님의 신실성과 하나님의 통치라는 신학을 묵시적 종말론이라는 형태로 박해받은 사람들은 고백하였던 것이다. 그 종말의 시간이 임박해 있음을 고백하면서 그들은 오늘의 고통을 견뎌나갔던 것이다.

Ⅳ. 맺음말 - 예언적 종말론과 묵시적 종말론의 상호관계

일견 예언적 종말론과 묵시적 종말론은 상반되는 역사관으로 인해, 그리고 시각과 범위의 차이, 하나님 통치의 개념의 차이 등으로 연결점이 없는 것처럼 보인다. 그러나 두 종말론이 공유하는 창조전승, 야웨의 날, 현재적 메시지 형태 속에서 우리는 그 연결점과 상호 관련성이 있음을 살펴보았다. 이 외에도 우리는 "심판과 회복"이라는 메시지 형태, 메시야 사상의 공유 등을 또한 지적할 수 있다.

그러나 우리가 관심을 두는 것은 처음에 지적했듯이 묵시적 종말론의 뿌리가 예언적 종말론이라는 사고방식, 즉 예언적 종말론 다음에 묵시적 종말론이 일어났다는 순서적, 단계적 개념을 수정하고자 한다. 비록 예언적 종말론과 묵시적 종말론은 창조전승, 야훼의 날, 현재적 메시지, 메시야 사상 등의 토양에서 함께 자란 색다른 두 나무라 보일 수는 있지만 부모-자식 같은 관계라 볼 수는 없는 것이다.

같은 시대에서도 작은 희망이라도 희망을 가질 수 있는 평화로운 집단에서는 예언적 종말론이 강조될 수 있을 것이고, 소외되고 박해받는 집단에서는 묵시적 종말론이 팽배해질 수 있는 것이다. 박해를 많이 당했던 신구약 중간시기에 왕성했던 묵시사상이 신약 시대에 더욱 팽배하지 않았고 오직 요한 계시록에서만 크게 강조된 것은, 그리고 예수 그리스도의 말씀 가운데 예언적 종말론의 메시지가 강조된 것이 그 한 예로 들 수 있다.

이제까지의 논증을 전제로 해서 한 가지 덧붙이고 싶은 것은 현재를 살아가는 한국 땅에서의 종말론에 관한 메시지는 어떠한 형태가 되어야하겠는가 하는 질문이다. 극심한 박해시기에 선포된 묵시적 종말론보다는 적어도 희망을 가지며 살아가는 시대에 적합한 예언자적 종말론이 강조되고 선포되어야겠다는 것이 그 대답이다. 그러나 기억할 것은 옛날 이스라엘 땅에서 그러했던 것처럼 이 평화의 시대에도 이 한국 땅에서 소외 받고 억울함을 당하고 희망을 찾지 못하는 박해받는 이들에게는 오히려 묵시적 종말론이 복음이 될 것이다.

묵시적 종말론은 결코 마지막에 대한 정보나 호기심의 대상이 아니다. "언제까지 니이까"하고 절규하는 그 외마디에 대한 희망을 주는 기쁜 소식일 뿐이다.

그런데 그들은 어떻게 하나님의 말씀에 접하고 그 말씀을 받을 수 있었는가? 예언자들은 "하나님의 사람들"이요 "하나님의 심부름꾼(使者)"이기 때문에 당연히 신비로운 방법으로 하나님의 말씀을 받았을 것으로 짐작할 수 있다. 아모스의 환상과 예레미야의 환상, 그리고 에스겔의 환상 등을 통해서 그 방법을 엿볼 수 있다. 때로는 하나님과 선지자들이 직접 대화하는 장면도 찾아 볼 수 있다. 그러면 이러한 질문을 던질 수 있다. 선자자들은 모두 언제나 초자연적인 신비로운 방법으로 하나님의 말씀에 접했는가?

성경에 보면 선지자들이 하나님의 말씀에 접하는 또 다른 경로가 있음을 발견할 수 있다. 선지자 미가가 예언을 할 때 "사람아 주께서 선하신 것이 무엇인지 네게 보이셨나니..."(미 6:8a)라는 말을 하였다. 즉 하나님께서 미가 이전의 선배 선지자들을 통해 이미 말씀하신 것이 있었음을 상기시키고 있는 대목이다. 미가의 예언을 듣고 있는 청중들도 이 사실을 알고 있었고 미가 자신도 선배 선지자들의 예언을 전해 듣고 있었다는 이야기다. 그리고 미가는 그 예언들을 요약하고 재해석해서 청중들에게 "오늘의 말씀"으로 예언을 한 것이다.

선지자들은 "신비로운 골방"에만 드나드는 것이 아니라 이미 선포된 말씀을 귀중히 여기고 다시금 재해석하는 노력을 기울인 사람들이었다. 특히 "오늘의 청중들"이 쉽게 이해하고 감동을 받을 수 있도록 언어를 다듬고 청중들의 상황을 살피며 필요한 자료를 수집하는 일에 게으르지 않았다.

제2부

아모스 해석

제2부 아모스 해석

제1장 서론

아모스는 누구인가?

아모스는 양을 치던 목자였고(1:1), 뽕나무를 배양하던 농부였다(7:14). 당시에는 대부분 목축과 농사를 병행하고 있었기 때문에 아모스의 직업을 목자와 농부로 이야기할 수 있는 것이다. 또한 아모스는 유다 출신이었다. 그는 베들레헴에서 8km 남쪽에 있는 드고아(Khirbet Tequ′) 출신이었다. 그리고 "나는 선지자가 아니며 선지자 아들도 아니라"(7:14)는 뜻은 예언자 집단에 소속되어 있지 않다는 뜻이다.

아모스가 유다 출신이었지만 북왕국 이스라엘의 벧엘 성전에서 예언활동을 하는 것을 보면 남북왕래가 비교적 자유로왔다는 것을 알 수 있다. 이러한 아모스의 활동을 통해 볼 때 비록 남북이 분열되어 있었지만 심정적으로는 유다와 이스라엘을 하나의 나라로 인정하고 있었던 것으로 보인다.

아모스의 위치는 소예언서 가운데 하나인데, 히브리어 성경(MT)은 소예언서 12권을 한 권으로 분류하고 있다. 순서를 보면 호세아, 요엘, 아모스의 순서로 되어 있는데 아마도 아모스가 요엘과 비슷한 부분이 있어 이렇게 배열한 것으로 보인다(욜 4:16a 와 암 1:2; 욜 4:18a 와 암 9:10b). 그런데 70인역(LXX)은 호세아, 아모스, 미가 순서로 배열하고 있다. 아마도 길이가 긴 부분을 앞에 세워 배열한 것으로 보인다.

아모스를 이해하려면 왜 아모스가 이러한 내용으로 예언을 하였는지 그 이유를 캐물어야 한다. 즉 아모스가 처한 특별한 시대적 상황과 그 예언을 듣는 청중들에 대해 자세히 알 때 비로소 아모스의 예언을 이해할 수 있을 것이다.

그리고 아모스는 알아듣지 못하는 이상한 말을 한 것이 아니다. 당시의 청중들이 쉽고 분명하게 이해할 수 있도록 말했을 것이다. 양식비평가들은 아모스를 세밀하게 구분하여 파편화시켜버렸다. H. Gunkel은 양식사 비평을 통해 아모스를 다양한 양식으로 구분하였다. 그는 예언자가 저자가 아니라 말로 선포하는 자였으며 문서는 나중에 발전된 것으로 보았다. 양식비평가들은 아모스의 말을 아주 간단하고 시적이며 운율이 있는 것으로 보았으며 마치 암호와 같은 신비로운 말이었을 것으로 짐작하였다. 그리고 나머지는 모두 후대에 첨가하거나 확대한 것으로 보았다.[16)]

---

16) H. Gunkel, "The Israelite Prophecy from the Time of Amos," *Twentieth Century Theology in the Making*, J. Pelikan ed. (New York: Harper & Row, 1969), 58-60.

H. W. Wolff는 아모스 편집단계를 6단계로 보았으며[17] R. B. Coote는 3단계의 편집단계가 있었다고 보았다.[18] 그러나 아모스가 후대에 아모스의 제자들에 의해 편집되고 확대되었다고 볼 만한 증거를 찾기 힘든다. Shalom Paul은 극히 일부분을 제외한 대부분의 내용을 아모스의 말로 인정하였다. 그리고 비록 다양한 양식이 나타나지만 이것은 아모스 스타일의 다양성일 뿐 타인에 의해 후대에 첨가된 것은 아니라는 주장을 하였다.[19] J. H. Hayes도 나중에 제자들이 기록했다는 흔적을 찾을 수 없다고 하면서, 아마도 아모스 자신이 글로 남겼거나 청중이 그의 예언들을 정리하였을 가능성이 높아 보인다고 하였다.[20] 오히려 아모스는 충분히 이해할 수 있도록 하기 위하여 상당히 긴 예언을 하였을 것으로 짐작된다. 즉 아모스는 신비한 외마디로 소리친 것이 아니라 설교를 한 것이다. 물론 편집자의 흔적을 발견할 수는 있는데 1장 1절과 같은 특수한 부분이 편집자의 필체이다.

---

17) H. W. Wolff, *Joel and Aoms*, 106-113.

18) R. B. Coote, *Amos among the Prophets: Composition and Theology* (Philadelphia: Fortress, 1981), 3-24.

19) Shalom Paul, *Amos*, 6.

20) J. H. Hayes, *Amos*, 39.

제2장 아모스의 역사적 배경

앗수르 왕 살만에셀 3세(주전 858-824년) 시대에 카르카르 전투(주전 853년)가 있었다. 이 때 반앗수르 연합군의 맹주는 이스라엘의 아합과 다메섹의 하닷에셀, 그리고 하맛의 이르훌레니였다. 그러나 유다와 모압과 에돔은 이스라엘의 깃발 아래서 싸웠을 것으로 짐작된다.

주전 839년 예후는 앗수르의 지지를 받아 쿠데타를 일으켰으며 여호람과 아하시야를 죽이고 사마리아에서 왕이 되었다(왕하 9:21-10:14). 예후왕조는 한번도 앗수르에게 반기를 들지 않았다. 앗수르가 강대하면 이스라엘도 힘을 얻게 되었다. 그러나 지중해 연안에 반앗수르 물결이 흐르고 앗수르의 영향력이 감소하면 이스라엘은 약화되었다.

아모스는 "지진 전 2년"(주전 750년)에 예언활동을 시작하여 약 2년 동안 계속하였던 것으로 보인다. 이 때는 이스라엘의 예후왕조의 왕 여로보암 2세(주전 788-748년)가 통치하던 시대였고 유다에는 요담(주전 759-744년)이 통치하고 있었다. 이 때는 앗수르의 영향력이 줄어들고 있었던 시대였으며 대신 르신이 통치하던 시리아가 득세하고 있었다. 그리고 르신은 앗수르의 장군이었다가 반앗수르 세력이 된 샴시일루와 손을 잡고 있었다. 친앗수르 정책을 고수한 예후왕조가 시련을 맞게 되었다. 시리아의 르신은 요단 동편 땅들을 대부분 차지하게 되었으며 이스라엘을 계속 괴롭혔다.

시리아의 압제는 여호아하스(주전 821-805년) 시대에 절정에 달했는데, 앗수르 왕 아닷니라리 3세가 지중해 쪽을 원정을 시작하자 시리아가 위축되기 시작했다. 그다음 요아스 왕(주전 804-789년) 시대에는 시리아의 벤하닷으로부터 영토를 다소 회복했는데 여전히 시리아의 괴롭힘이 있었다.

이스라엘의 실제적인 부흥은 여로보암 2세(주전 788-748년) 시대부터 시작되었다; "여로보암이 이스라엘 지경을 회복하되 하맛 어귀에서부터 아라바 바다까지였다(왕하 14:25)." 즉 여로보암은 레바논의 베카계곡에서 사해까지의 영토를 확보했음을 알 수 있다. 물론 요단 동편 땅도 회복하였을 것으로 짐작된다. 그리고 홍해의 항구도시인 엘랏까지 확보하였다(왕하 14:22).[21]

이 시대 또 하나의 중요한 점은 유다가 이스라엘의 속국과 같은 위치에 있었다는 점이다. 이스라엘보다 열세인 유다는 오므리 왕(주전 879-869년)부터 시작하여 브가히야(주전 736-735년)에 이르기까지 이스라엘의 깃발아래 함께 행동하였다.[22] 예외적인 시기는 여호람 왕 시대인데 이 때는 한 왕이 이스라엘과 유다를 동시에 통치하였다(주전 851-840년).

이스라엘의 든든한 버팀목이 되었던 앗수르의 영향력이 주전 765년부터 감소되기 시작했다. 이 때 앗수르 왕은 아수르단 3세(주전 772-755년)와 아수르니라리 5세(주전 754-745년)였다. 아마도 시리아 왕 르신이 주전 760년대부터 다시 패권을 장악하게 되었을 것으로 보인다. 르신은 불레셋과 연합하여 이스라엘을 공격하였는데(사 9:11-12) 엘랏 항구를 다시 차지할 정도였다(왕하 16:6). 그리고 여로보암은 스

---

21) 유다 왕 웃시야가 엘랏을 건축하였다는 것은 이스라엘이 그 지역을 회복시켰다는 뜻이기도 하다. 왜냐하면 유다는 이스라엘의 속국과 같은 위치에 있었기 때문이다.

22) 정중호, "고대 이스라엘의 남북 관계에 관한 역사적 연구," 기독교사상 406(1992. 10), 44-65.

불론 땅과 납달리 땅도 시리아의 르신에게 빼앗겼던 것으로 보인다 (사 9:1).[23] 또한 이스르엘 계곡 지역도 시리아에게 줄 수 밖에 없었다 (호 1:4-5). 이 지역들이 탈취당하면 다메섹에서 이집트로 향하는 해안 도로(via maris)가 차단 당한다. 따라서 국제무역에 있어서도 이스라엘은 심대한 타격을 받을 수밖에 없었다.

요단 동편에서 일어난 또 다른 중요한 변화는 베가의 등장이었다. 베가는 주전 750년대부터 벌써 요단 동편에서 시리아의 르신과 손을 잡고 세력을 확장하였다. 베가 세력은 이스라엘과 유다에 가장 가까이 있었기에 직접적인 타격을 줄 수 있었다(왕하 15:37). 베가는 그 세력을 확장하여 결국 주전 734년에는 사마리아를 점령하고 이스라엘의 왕위에 오르기까지 하였다.

시리아의 르신과 요단 동편의 베가의 압박에 시달리던 여로보암 2세 말기는 이스라엘과 유다에 있어서 무척 어려운 시기였다. 앗수르는 약화되고 우라르투(Urartu)의 영향력이 높아지고 있는 가운데 이스라엘과 유다는 친앗수르 정책을 취하고 있었다. 그러나 시리아와 불레셋, 그리고 두로와 시돈 등은 반앗수르 정책을 취하고 있기 때문에 이스라엘과 유다는 이들로부터 압력을 받고 있었다.

---

23) 정중호, 이사야 1-23, 221.

제3장 아모스 해석

[목차]

I. 표제, 서두 1:1

1절은 편집자의 필체로서 예언서 아모스를 소개하고 있다. 유다에는 요담 왕(주전 759-744년)이 있었을 때이고, 이스라엘에는 요아스의 아들 여로보암(여로보암 2세, 주전 788-748년)이 통치하고 있었던 시대라고 시대적 배경을 설명하였다. 중요한 것은 '지진 전 2년'이라는 구절이다. 대지진이 주전 748년에 일어났으니 아모스가 예언한 연도는 주전 750년이 된다.

팔레스틴 지역은 지진대에 속하였기 때문에 여러번 지진이 일어났다. 그러나 '그 지진'이라고 할 만한 대지진은 주전 748년에 일어났는데 지진이 얼마나 대단했는지는 스가랴(14:4-5)와 이사야(1:2-20; 2:6-22)에 자세히 묘사되어 있다. 아마도 아모스의 예언이 성취된 대지진으로 짐작된다(암 2:13; 9:1). 그리고 사마리아와 하솔의 발굴 현장에도 그 흔적을 찾아볼 수 있다. 역사학자 요세푸스는 그 지진을 다음과 같이 묘사하였다;

> 그 도시(예루살렘) 앞에 에로게라 불리우는 곳에 서쪽 언덕의 절반이 무너져 내려 동쪽 언덕에 멈추었으며 길과 왕실의 정원을 덮쳤다.[24]

이사야는 이 큰 지진을 하나님의 심판과 채찍으로 깨닫고 예언하였다(사 1:2-20). 아모스는 지진 전에 예언을 하였는데, 이러한 큰 심판

24) Flavius Josephus, *Jewish Antiquities* (Wordsworth Editions Ltd, 2006), 403-404.

이 눈앞에 다가와 있음을 바라보고 있었기에 급하고 안타까운 마음으로 강력하게 예언을 선포한 것이다.

이 때 북왕국의 왕은 요아스의 아들 여로보암 2세(주전 788-748년)였고 유다에는 요담(주전 759-744년)이 통치하고 있었다. 그런데 "유다 왕 웃시야"라고 기록한 것은 요담이 통치하고 있었으나 선왕인 웃시야 왕이 살아있었기 때문이다. 웃시야 왕은 병 때문에 퇴위하여 요담이 통치하고 있었다. 아모스는 주전 750-748년 동안 북왕국 이스라엘에서 예언하였는데 이 때는 여로보암 왕의 말기로서 앗수르의 영향력이 약하였고 시리아가 득세하고 있었다. 이스라엘은 시리아의 압박을 심하게 받고 있었다.

예언의 내용은 북왕국 이스라엘에 관한 것이었다. 그런데 귀로 들은 말씀이라 하지 않고 "본 말씀이다"라고 하였다. 이러한 표현은 이사야를 비롯한 여러 예언서 서두에 자주 나타나는 표현으로 (미 1:1; 사 1:1; 2:1; 21:2; 29:11)예언자가 하나님으로부터 직접 받은 예언임을 강조하는 표현이다. 또한 단순히 귀로 들은 말씀이 아니라 아모스 자신이 온 몸으로 흡수하고 체험한 말씀임을 강조한 것이라 볼 수 있다.

II. 열방에 대한 예언(Oracles against foreign nations) 1:2-2:16

1. 서론

아모스의 첫 번째 예언은 열방에 대한 예언인데 야웨의 소리로서 시작된다. 야웨께서 사자처럼 포효하고 천둥처럼 큰 소리를 내시며 심판하시는 소리가 들려온다. 그다음 야웨께서 구체적으로 8나라에 대해서 심판하신다는 내용이 이어진다. 야웨는 창조주로서 그리고 온 우주를 이끌어 가시는 분으로서 하나님의 도덕적 표준에 위배되는 행동에 대해서는 어느 나라이든 하나님께서 심판하신다는 것이다. 그러나 열방들이 야웨 하나님을 섬기기 않는다는 이유로 심판하시는 경우는 찾아볼 수 없다.

열방을 심판하는 순서를 보면 다메섹, 가사, 암몬, 모압, 두로, 에돔, 유다, 이스라엘 등으로 이어지는데 지도에 표시를 해보면 외곽에서 맴돌다가 결국에는 유다와 이스라엘에 심판이 집중되는 모습을 발견할 수 있다. 즉 아모스가 외국 나라들에 심판을 선포하는 것은 그들의 잘못에 대한 정당한 심판이기도 하지만, 궁극적인 목적은 유다와 이스라엘을 심판하는 것임을 알 수 있다. 본문의 구조를 지리적인 요인을 염두에 두면서 분석하면 다음과 같다.

1. 다메섹에 대한 심판 예언	1:3-5
2. 가사에 대한 심판 예언	1:6-8
3. 두로에 대한 심판 예언	1:9-10
4. 에돔에 대한 심판 예언	1:11-12
5. 암몬에 대한 심판 예언	1:13-15
6. 모압에 대한 심판 예언	2:1-3
7. 유다에 대한 심판 예언	2:4-5
8. 이스라엘에 대한 심판 예언	2:6-16

2. 번역

1:2 그가 말하기를,
"야웨께서 시온에서부터 부르짖으시며
예루살렘에서부터 소리를 내시리니
목자의 초장이 애통하고
갈멜 산 꼭대기가 마르리라."
3 야웨께서 다음과 같이 말씀하셨다;
"다메섹의 세 가지 죄 때문에
그리고 네 가지 죄 때문에 내가 그 심판을 돌이키지 아니할 것이다.
왜냐하면 그들이 철 타작기로
길르앗을 타작하였기 때문이다.
4 그리하여 내가 하사엘의 집에 불을 보낼 것이니
벤하닷의 궁궐들을 불사를 것이라.
5 그리고 내가 다메섹의 빗장을 꺾으며
아웬 골짜기에 좌정한 자를 내가 끊으며
벧에덴에서 홀 잡은 자를 끊을 것이니
시리아 백성이 키르에 사로잡혀 갈 것이다
야웨께서 말씀하셨다.
6 야웨께서 다음과 같이 말씀하셨다;
"가사의 세 가지 죄 때문에
그리고 네 가지 죄 때문에 내가 그 심판을 돌이키지 아니하리라.
왜냐하면 그들이 모든 사람을 사로잡아
에돔에 넘겼기 때문이다.

7 그러므로 내가 가사 성에 불을 보낼 것이니
그 궁궐들을 불사를 것이다.
8 내가 아스돗의 좌정한 자와 아스글론에서 홀을 잡은 자를 끊어버리고
또 손을 돌이켜 에그론을 치리니 블레셋의 남은 자가 멸망하리라"
주 야웨께서 말씀하셨다.
9 야웨께서 다음과 같이 말씀하셨다;
"두로의 세 가지 죄 때문에
그리고 네 가지 죄 때문에 내가 그 심판을 돌이키지 아니하리라.
왜냐하면 그들이 그 형제의 계약을 기억하지 아니하고 모든 사람을 사로잡아 에돔에 넘겼기 때문이다.
10 그러므로 내가 두로 성에 불을 보낼 것이니
그 궁궐들을 불사를 것이다."
11 야웨께서 다음과 같이 말씀하셨다;
"에돔의 세 가지 죄 때문에
그리고 네 가지 죄 때문에 내가 그 심판을 돌이키지 아니하리라.
왜냐하면 그가 칼로 그의 형제를 쫓아가며 긍휼을 버리며
그의 분노가 계속하여 파괴하였으며, 그가 분노를 끝없이 품었기 때문이다.
12 그러므로 내가 데만에 불을 보낼 것이니 보스라의 궁궐들을 불사를 것이다."
13. 야웨께서 다음과 같이 말씀하셨다;
"암몬 자손의 세 가지 죄 때문에
그리고 네 가지 죄 때문에 내가 그 심판을 돌이키지 아니하리라.
왜냐하면 그들이 자기 영토를 넓히기 위해 길르앗의 아이 밴 여인의

배를 갈랐기 때문이다.
14 내가 랍바 성에 불을 놓아 그 궁궐들을 사르되 전쟁의 날에 외침
과 회오리바람의 날에 폭풍으로 할 것이며
15 그들의 왕은 그 지도자들과 함께 사로잡혀 갈것이다
야웨께서 말씀하셨다.
2:1 야웨께서 다음과 같이 말씀하셨다;
"모압의 세 가지 죄 때문에
그리고 네 가지 죄 때문에 내가 그 심판을 돌이키지 아니하리라.
왜냐하면 그가 에돔 왕의 뼈를 불살라 재를 만들었기 때문이다.
2 내가 모압에 불을 보내리니 그리욧 궁궐들을 사르리라 모압이 요
란함과 외침과 나팔 소리 중에서 죽을 것이라
3 내가 그 중에서 재판장을 멸하며 지도자들을 그와 함께 죽이리라
야웨께서 말씀하시니라
4 야웨께서 다음과 같이 말씀하셨다;
"유다의 세 가지 죄 때문에
그리고 네 가지 죄 때문에 내가 그 심판을 돌이키지 아니하리라.
왜냐하면 그들이 야웨의 율법을 멸시하며 그 율례를 지키지 아니하고
그들의 조상들이 걸어갔던 거짓으로 인해 그들이 방황하였기 때문이
다.
5 내가 유다에 불을 보내리니 예루살렘의 궁궐들을 사르리라
6 야웨께서 다음과 같이 말씀하셨다;
"이스라엘의 세 가지 죄 때문에
그리고 네 가지 죄 때문에 내가 그 심판을 철회하지 아니하리라.
왜냐하면 그들이 의로운 사람을 돈으로 인해 팔며
가난한 사람을 신발로 계약을 맺어 팔기 때문이다.

7 그들이 가난한 자의 머리에 있는 먼지를 보고 헐떡거리고
그들이 가난한 자의 길을 굽게한다.
한 남자와 그의 아버지가 한 젊은 여인에게 가며
나의 거룩한 이름을 더럽혔다
8 그들이 모든 제단 옆에 누웠음이여
저당 잡힌 옷 위에 누웠도다
그들이 그들의 하나님의 집에서
벌금으로 받은 술을 마시는구나
9 내가 아모리 사람을 그들 앞에서 멸하였다.
그 키는 백향목 높이와 같고 강하기는 상수리나무 같으나
내가 그 위의 열매와 그 아래의 뿌리를 진멸하였다
10 내가 너희를 이집트 땅에서 올라오게 하여
사십 년 동안 광야에서 인도하고
아모리 사람의 땅을 너희가 차지하게 하였고
11 또 너희 아들 중에서 예언자를, 너희 청년 중에서 나실인을 일으
켰으미
이스라엘 자손들아 과연 그렇지 아니하냐
이는 야웨의 말씀이라
12 그러나 너희가 나실인 사람으로 포도주를 마시게 하며
또 예언자에게 명령하여 예언하지 말라 하였느니라
13 보라 곡식 단을 가득히 실은 수레가 누름 같이
내가 너희 대신에 너희를 누르고 있음이여
14 빨리 달음박질하는 자도 도망할 수 없으며
강한 자도 자기 힘을 낼 수 없으며
용사도 자기 목숨을 구할 수 없으며

15 활을 가진 자도 설 수 없으며
발이 빠른 자도 피할 수 없으며
말 타는 자도 자기 목숨을 구할 수 없고
16 용사 가운데 그 마음이 굳센 자도 그 날에는 벌거벗고 도망하리라
야웨의 말씀이라

3. 해석

1) 머리말 - 부르짖는 야웨의 소리 (1:2)

2절에는 야웨의 소리가 웅장하게 들려온다. 그런데 이 구절이 아모스가 선포한 것인가 아니면 편집자의 요약인가? 볼프(H. W. Wolff)는 말하기를 이러한 하나님 현현을 찬양하는 찬양시 스타일은 아모스가 사용한 적이 없고 또 가뭄으로 심판하는 것은 아모스가 말한 적이 없다고 하면서 이것은 유다의 편집자가 후대에 아모스를 요약한 것이라 주장하였다.[25] 또한 볼프는 요엘 3장 16절과 유사하기 때문에 유다 편집자가 요엘을 바탕으로 첨가한 것이라 주장하기도 하였다.[26]

그러나 이 절에는 하나님이 나타나시는 하나님 현현의 모습이 없고 소리만 들린다. 그리고 아모스 자신의 예언이라고 볼 수도 있다. 왜냐하면 아모스가 유다 출신이었기에 예루살렘의 야웨를 이야기하는 것

---

25) H. W. Wolff, *Joel and Amos* (Philadelphia: Fortress, 1977), 118.

26) H. W. Wolff, *Joel and Amos*, 121.

이 이상할 것이 없다.[27] 그리고 당시에는 남북이 거의 하나의 나라처럼 되어 있었기 때문에 전통적인 표현인 시온의 야웨라는 표현은 이상할 것이 없다.[28] 또한 아모스는 다양한 양식과 스타일을 사용하였기 때문에 이러한 스타일을 아모스가 사용했을 수도 있는 것이다.

2a절에는 야웨의 행동이 나타나며 2b절의 극심한 가뭄은 야웨 행동의 결과임을 알려준다. 야웨는 사자처럼 포효하고 천둥처럼 큰 소리를 내신다. 심판의 하나님을 '소리'로 들려준 것이다. 아모스는 왜 예언의 서두에 하나님의 '소리'를 들려주었는가? 아모스는 자신의 예언자적 활동을 설명하기를 "사자가 부르짖은즉 누가 두려워하지 아니하겠느냐? 주 야웨께서 말씀하신즉 누가 예언하지 아니하겠느냐?" (암 3:8)고 하였다. 즉 아모스의 외치는 '소리'는 바로 야웨가 부르짖는 '소리'를 전달하는 것임을 분명히 하기 위함이었다. 아모스에는 예언자가 하나님으로부터 소명을 받는 장면이 나타나지 않는다. 대신에 아모스는 하나님의 '소리'를 들려줌으로서 예언자 아모스의 권위가 바로 하나님으로부터 오는 권위임을 선포한 것이다.

개역개정에 (목자의) '초장'이라 번역된 נאות (네오트)는 평평하고 넓은 일반적인 초원이 아니라 물도 마실 수 있고 짐승들이 함께 모여 있을 수 있는 곳을 가리킨다. 이스라엘 지역에 짐승들이 풀을 뜯는 곳은 푸른 초장이 넓게 펼쳐진 곳이 아니라 대부분 산지 지역이고 광야와 비슷한 곳이 많다. 만약 광야의 '네오트'라면 그 곳은 오아시스가 될 것이다.[29] '오아시스'라 번역하기에는 이스라엘 지역이 광야가 아니

27) J. H. Hayes, *Amos, The Eighth-century Prophet: His Times & His Preaching*, 63-64.

28) 정중호, "고대 이스라엘의 남북 관계에 관한 역사적 연구," 44-65.

29) J. H. Hayes는 오아시스라 번역하기를 권장하였다. J. H. Hayes, *Amos, The*

기에 적합하지 않다. 또한 이스라엘 지역에는 사시장철 물이 고여 있는 연못을 발견하기는 어렵다. 사람과 짐승들이 물을 마실 수 있는 곳은 대부분 우물이기에 (목자의) '우물'을 가리키는 것으로 볼 수 있다. 짐승들이 물을 마실 수 있는 '네오트'가 마른다면 우물이나 오아시스에 물이 없는 것과 같아서 짐승들은 갈증에 허덕일 수 밖에 없다.

2b절에 나타나는 두 구절은 평행하여 의미가 동일한 것으로 보여진다. 그런데 (갈멜산 꼭대기가) '마르다(יבשׁ 야바쉬)'는 분명하게 가뭄을 나타내지만 (목자의 초장이) '애통하다(אבל 아발)'는 동사는 다른 의미인가? 아니다. 이스라엘 지역에서 풀을 뜯을 수 있는 들판이나 우물의 이상 현상으로 애곡하는 경우는 대부분 가뭄으로 인한 것이기에 이 단어의 의미 역시 '마르다'라고 볼 수 있다.

"갈멜 산 꼭대기"는 하늘의 비를 머금어 숲이 울창한 산을 가리킨다. 따라서 갈멜 산 꼭대기가 마르다는 것은 하늘의 비가 내리지 않아 가뭄이 심하다는 뜻이다. 그리고 "초장(우물)이 애통하다"는 뜻은 땅 속에 흐르는 지하수가 말라버린다는 뜻이다. 결국 2b절의 뜻은 땅 속에 흐르는 지하수로부터 하늘의 비까지 모두 말라 신음한다는 뜻이며 "온 천지가 가뭄이 들어 신음한다"는 뜻이다.

2절은 1절과 연결된 편집자의 필체가 아니다. 2절은 3절 이하에 나타나는 열국에 대한 심판의 서두이다. 먼저 사자같이 포효하고 천둥처럼 우렁찬 하나님의 심판의 소리를 들려줌으로서 열국에 대한 하나님의 심판이 엄중함을 알려준 것이다. 그다음 구체적으로 각 나라들에 대한 심판이 이어진다.

8개국 열방에 대한 심판예언은 다메섹부터 시작하여 주변의 6개 나

Eighth-century Prophet: His Times & His Preaching, 65.

라를 거쳐 마지막으로 유다와 이스라엘에 대한 심판으로 끝맺음을 하였다. 이러한 순서와 지리적 위치를 보면 아모스가 말하고자하는 핵심은 유다와 이스라엘에 대한 심판예언이었음을 알 수 있다.

각각의 심판예언은 먼저 "야웨께서 다음과 같이 말씀하셨다"로 시작되고 이어서 "...의 세 가지 죄 때문에, 그리고 네 가지 죄 때문에 내가 그 심판을 철회하지 아니하리라"로 계속된다. 그다음은 다양한 형태로 진행되지만 무슨 잘못을 저질렀는지 그 내용을 밝히고 이어서 하나님의 심판이 선포된다.

2) 다메섹에 대한 심판 예언 (1:3-5)

"세 가지 죄..., 그리고 네 가지 죄"는 어떤 죄를 가리키는가? 이 구절에 대해서 여러가지 해석이 시도되었다. 즉 1) 셀 수 없이 많은 죄를 가리킴, 2) 죄를 짓고 또 지음(again and again),[30] 3) 3+4=7 즉 완전수를 나타내기에 죄가 극에 달했음을 의미함, 4) 랍비들의 해석에 의하면 3가지 죄는 용서받을 수 있어도 4가지 죄는 용서받을 수 없다는 뜻,[31] 5) 죄의 점진적인 증가를 나타내며 용서받을 수 있는 한계를 넘어섰다는 뜻 등이다.

"세 가지 죄..., 그리고 네 가지 죄"는 분명히 연속적으로 죄를 짓는 모습이며 점진적인 죄의 증가를 나타내는 것이다. 그리고 이것은 죄를 많이 지었다는 것을 가리키며 용서받을 수 있는 한계를 넘어섰다는 뜻이기도 하다. 즉 심판받을 수밖에 없는 많은 죄를 지었다는 것

---

30) GNB의 번역이 이와 같다

31) *b. Yoma* 86b; *Sanh.* 7a

을 표현한 것이다.

다메섹, 다메섹을 수도로하는 시리아의 죄가 무엇인가? 길르앗을 철타작기로 타작하였다는 것이다. 농촌에서 콩을 수확하여 마당에 널어놓고 콩이 마른 후에 도리깨로 두드려서 콩알이 튀어나오도록 하는 것을 타작이라 한다. 그런데 만일 철로 만든 도리깨로 두드리면 남아날 것이 없다. 콩알이나 곡식이 모두 으깨져 버릴 것이다. 이처럼 다메섹(시리아)은 요단 동편의 길르앗 지역을 점령할 때 무자비하게 사람들을 죽이고 모든 것을 파멸시켜 버렸다는 것이다.

길르앗은 갈릴리 호수 아래로 흘러드는 야르묵 강과 남쪽의 얍복강 사이에 있는 지역으로 요단강 동편 지역을 가리킨다. 그러나 때로는 암몬과 모압 지역을 포함하기도 한다. 즉 북쪽의 야르묵강에서 부터 남쪽의 아르논 강까지 이르는 넓은 지역을 가리키기도 한다. 이 경우 요단강 동편 지역 대부분을 가리킨다고 보면 된다. 길르앗 지역은 왕의 대로가 통과하는 지역이며 농업과 목축업이 발달한 지역이기도 하다. 여로보암 2세 시대에 이 지역을 이스라엘이 차지하기도 하였지만 강력하게 밀고 내려오는 시리아에게 그 지역을 내어주고 후퇴할 수 밖에 없었다. 아마도 이 때 시리아(다메섹)가 이스라엘과 그 지역 주민들을 잔인하게 살해한 것으로 짐작된다.

배반자나 반란을 일으킨 자들을 불로 심판한다는 것은 고대 앗수르 문헌에 자주 등장하는 대목이다.[32] 하나님께서 열방을 심판하실 때 계속해서 불로 심판한다는 구절이 있는 것을 보아 하나님의 심판이 앗수르를 도구로 해서 시행될 것이라는 것을 짐작할 수 있도록 힌트를 주고 있는 것으로 보인다.

---

32) *ANET*, 278, 660.

하사엘(주전 843-806년)과 벤하닷(주전 806-?)은 시리아의 왕들이다. 당시 시리아의 왕은 르신(주전 ?-731년)이었지만 하사엘과 벤하닷은 시리아의 위대한 왕의 명칭으로 알려져 있다. "하사엘의 집"은 다메섹에 있었던 궁궐을 가리킬 수도 있고 왕이 있는 도시인 다메섹 전체를 가리킬 수도 있다. 동시에 이러한 표현은 시리아 왕조를 가리킬 수도 있다. 그리고 "(벤하닷의) 요새(ארמנות 아르므노트)"는 도시 안에 있는 특별한 요새를 가리키는데 이 요새는 왕궁을 보호하는 요새다. 하나님께서 이들을 불로 심판하시겠다는 것은 시리아의 핵심부를 파멸시켜 버리겠다는 뜻이다.

"좌정한 자"와 "홀 잡은 자"는 모두 왕이나 통치자를 가리킨다. 우선 지명으로 '아웬(און)'이 나타난 곳은 다음과 같다; 수 7:2; 18:12; 삼상 13:5; 14:23; 호 4:15; 5:8. 이들의 위치를 살펴본 결과 "아웬 골짜기"는 아마도 아골 골짜기(수 7:24, 26; 15:7; 호 2:15) 근처에 있는 "수웨이니트-켈트 골짜기"로 짐작된다.[33] 이 지역은 여리고에서 서쪽 산지 지역으로 올라가는 가파르고 험한 골짜기이다.

베가는 이미 요단 동편 길르앗 지역에 세력을 펼치고 있었고 여리고 서쪽 지역인 길갈을 비롯한 아웬 골짜기를 차지하고 있었다. 베가는 시리아의 르신과 더불어 반앗수르 세력을 주도하고 있었다. 따라서 하나님의 심판을 받을 반앗수르 세력의 "아웬 골짜기에 좌정하고 있는 자"는 베가인 것으로 짐작된다.

벧에덴은 어디인가? 벧에덴은 아마도 시리아 북부이며 유프라테스 강 부근에 있었던 비트-아디니(Bit-Adini)로 짐작된다.[34] 그런데 당시

33) 정중호, 설교자를 위한 호세아 해석 (크리스천헤럴드, 2006), 66-67.

34) J. H. Hayes, *Amos, The Eighth-century Prophet: His Times & His Preaching*, 76-79.

이 지역을 통치하고 있었던 인물은 샴시일루(Shamshi-Ilu)였다. 샴시일루는 앗수르의 장군(투르타누)이었는데 앗수르에 반기를 들었으며 왕으로 행세하였다. 아마도 스피르 비문(Sefire Inscription)에 있는 KTK의 왕 바르가야가 샴시일루였으리라 짐작된다.[35] 샴시일루는 시리아의 르신과 요단 동편의 베가와 더불어 주도적인 반앗수르 세력을 형성하고 있었다. 따라서 반앗수르 세력으로서 하나님의 심판을 받을 "벧에덴에서 홀 잡은 자"는 샴시일루라 짐작된다.

키르가 구약에 나타난 곳을 보면(사 22:6; 암 1:5; 9:7; 왕하 16:9). 이사야에는 앗수르 군대와 엘람 군대 그리고 키르 군대가 연합하여 예루살렘을 공격하는 모습이 나타난다(사 22:6). 키르의 위치는 불분명하지만 엘람과 앗수르, 그리고 키르가 가까이 있었을 것으로 가정할 때 아마도 엘람과 티그리스 강 사이일 것으로 짐작된다.[36] 그리고 키르로 잡혀간 "시리아 백성"의 '시리아'로 번역된 '아람(ארם)'은 요단 동편 북부지역에서 유프라테스 강까지 이르는 넓은 지역을 가리킨다.

3) 가사에 대한 심판예언 (1:6-8)

가사는 국제무역의 요충지이다. 이집트와 팔레스타인의 국경 부근에 있는 도시로서 와디 베소르(이집트 개울) 북쪽에 있는 도시국가이다. 가사는 중요한 국제무역 도시로 알려져 있다. 메소포타미아-시리아-이집트로 이어지는 해안도로(via maris)에서 가장 이집트 가까이 있는 도시이며, 아라비아와 요단 동편 지역에서 오는 대상들의 종착지

---

35) 정중호, **이스라엘 역사** (대한기독교서회, 1994), 169.

36) *ABD*. IV, 83.

이기도 하다. 물론 팔레스타인과 이집트를 연결하는 지점이기도 하다. 이러한 지정학적 위치로 인해 주전 720년에는 가사 부근에 앗수르와 이집트가 국제무역센터를 열어 국제무역을 활성화시켰다.[37)]

개역에 "저희가 모든 사로잡은 자를 끌어(에돔에 붙였음이라)"로 번역된 על־הגלותם גלות שׁלמה(알-하글로탐 갈루트 셜레마)를 NRSV는 "그들이 공동체 모두를 추방하였기 때문이다(They carried into exile entire communities)"로 번역하였다. 중요한 것은 "모든 사로잡은 자" 혹은 "공동체 모두"는 누구를 가리키는가 하는 것이다. 보통 전쟁의 승리자가 포로들을 차지하게 된다. 때로는 군인들 뿐 만아니라 부녀자와 아이들도 포로로 잡아간다. 따라서 "공동체 모두"는 전쟁에 패전하여 잡혀간 장정과 부녀자와 아이들 모두를 가리킨다. 아모스가 포로가 된 장정들 만을 가리키는 것이 아니다. 부녀자와 어린아이들까지 노예로 매매하는 무역 관행에 대해 비판하며 이러한 관례를 악한 행동이라 규정짓고 하나님의 심판을 선포한 것이다.

불레셋이 에돔에 팔아넘긴 "공동체 모두"는 구체적으로 누구인가? 불레셋은 여로보암 2세 시대에 이스라엘(사 9:12)과 유다 지역을 공격하였다. 특히 불레셋은 유다 남쪽의 네게브 지역과 지중해 연안의 쉐펠라 지역을 공격하고 벧세메스, 아얄론, 그데롯, 소고, 딤나, 김소 등의 촌락에 정착하였다(대하 28:18). 따라서 이미 거기에 거주하였던 유다 백성들은 추방될 수 밖에 없었고 그들은 에돔에 팔려간 것이다.

학자들은 에돔에 노예들이 필요한 것이 아니라는 주장을 하면서 6절 마지막 부분을 다양하게 수정하여 번역하였다. 예를 들어 에돔 백

37) 정중호, 최기수, "앗수르와 이집트 관계에 관한 역사적 연구," 구약논단 제4집 (1998), 191-199.

성을 노예로 팔았다는 번역이라든가, '에돔(אדם)'이 아니라 '아람(ארם)' 즉 '시리아'로 번역하기도 하였다.[38] 그래서 노예가 에돔으로 간 것이 아니라 에돔의 노예들을 불레셋이 다른 곳에 팔아 넘겼다는 주장을 하였다. 그러나 에돔에는 사해 남쪽 아라바 지역에 구리광산이 있어서 많은 노예들이 필요했었다. 그리고 앞에서도 살펴보았듯이 불레셋은 많은 이스라엘과 유다의 포로들을 팔아넘길 적절한 지역이 필요하였다. 따라서 본문을 수정할 필요없이 있는 그대로 번역하여 불레셋이 (이스라엘과 유다의) 포로들을 에돔에 팔아 넘긴 것으로 번역하는 것이 가장 적절하다.

가사, 아스돗, 아스겔론, 에그론 등에 심판을 선포하는데 왜 불레셋 도시인 갓이 빠져있을까? 갓이 반앗수르 반란에 동참하지 않았기 때문이라는 설명도 있지만 아마도 당시에 갓이 아스돗에 소속되어 있었기 때문일 것으로 짐작된다.[39]

8절은 5절과 비슷하다. '좌정한 자'와 '홀 잡은 자' 등 왕을 가리키는 표현이 동일하게 나타난다. 가사의 궁궐을 포함하여 모두 왕을 가리키는 것으로 하나님의 심판이 불레셋의 지도자들에게 집중되어 있음을 알 수 있다.

마지막으로 불레셋의 '남은 자'까지 모두 멸망시키겠다 하셨다. '남은 자'는 원래 전쟁터에서 살아남은 사람들을 가리키는 용어인데 여기서는 불레셋의 왕실을 비롯한 지도자들 가운데서 살아남을 사람이 없다는 뜻으로 해석할 수 있다. 원래 '남은 자'는 마지막 남은 희망을

---

38) M. Haran, "Observation and on the Historical Background of Amos 1:2-2:6," *IEJ* 18(1968), 288-292.

39) J. H. Hayes, *Amos, The Eighth-century Prophet: His Times & His Preaching*, 81.

상징하는데 불레셋에는 그 희망조차 사라질 것이라 예언한 것이다.

4) 두로에 대한 심판 (1:9-10)

두로에 대한 심판은 불레셋에 대한 심판과 아주 유사하다. 두로는 지중해를 무대로 그리고 홍해까지 이르는 교역로를 이용하여 국제무역을 활발히 전개한 나라였다. 노예매매는 국제무역 품목 가운데 중요한 품목이었기에 당연히 에돔으로 노예를 보냈을 것이다. 두로가 노예매매를 한 것은 요엘(3:4-8)과 에스겔(27:13)에도 나타난다. 두로는 불레셋과 마찬가지로(6절) "모든 주민들"을 노예로 에돔에 넘겼다. 아마도 이스라엘 지역을 침공하여 그 주민들을 포로로 잡아 에돔에 팔아넘긴 것으로 보인다.

하나님은 부녀자와 어린이까지 노예로 팔아넘기는 두로의 비인간적인 행위에 대해 불을 보내어 심판하셨는데 그 궁궐을 불태울 것이라 하였다. 불레셋의 가사 성을 심판할 때와 동일하다(7절).

국가 간의 특별한 조약이 없다고 해도 동일한 종주국을 섬기는 봉신국가들 사이를 '형제'라고 부르기도 한다. 아모스 시대의 종주국은 앗수르였고 두로와 이스라엘/유다는 봉신국이었으니 서로 '형제'라고 부를 수 있는 것이다.

그런데 두로와 이스라엘/유다 사이는 특별하다. 다윗과 솔로몬 시대에 두로가 예루살렘 성전 건축 및 각종 건축에 깊이 관여한 것을 우리는 알고 있다. 솔로몬이 왕위에 올랐을 때 두로 왕 히람이 솔로몬에게 기름을 부으려고 신하들을 보냈다(70인역, 왕상 5:1).[40] 그리

40) 정중호, 이스라엘 역사, 123-124.

고 두로 왕 히람은 솔로몬과 조약을 맺고(왕상 5:12) 공공연히 솔로몬을 '나의 형제'라고 불렀다(왕상 9:10-13).

두로(시돈)와 이스라엘 관계는 더욱 밀접하다. 시돈(두로)의 공주 이세벨과 이스라엘 왕 아합이 결혼하였다(왕상 16:31). 당연히 두 나라 사이는 조약을 맺었을 것이다. 오므리와 아합으로 이어지는 오므리 왕조는 특별히 두로와 밀접한 관계를 유지하였다. 그러나 예후 왕조 때는 두로와의 사이가 원만하지 않았을 것으로 본다. 아모스가 예언활동을 했던 시대는 예후 왕조의 말기에 해당하는 시대로 두로와의 관계가 원만하지 않았을 것이다. 특히 두로는 반앗수르 진영에 속해 있고 이스라엘의 여로보암 2세는 친앗수르 정책을 취하고 있었으니 더더욱 적대적이었다. 따라서 두로는 이스라엘 동북쪽을 침공하여 주민들을 포로로 잡아가는 일을 한 것이다.

5) 에돔에 대한 심판 (1:11-12)

에돔의 조상 에서는 야곱(이스라ㅈ엘)과 쌍둥이 형제였다. 따라서 당연히 이스라엘과 에돔은 형제의 나라라 할 수 있다. 그러나 어머니의 태에서부터 싸우기 시작한 이 형제는 야곱이 에서의 장자권을 빼앗고 이삭의 축복을 빼앗은 후 에서의 분노는 극에 달하였다. 다행히 에서가 나중에 야곱과 화해하는 모습을 보여주었으나 역사적으로 볼 때 이스라엘과 에돔은 수많은 전투를 치렀다. 11절에는 에돔의 '분노'가 강조되어 있는데 이것은 에서의 '분노'를 닮은 것이다.

'긍휼'이라는 히브리어 'רחמים(라하밈)'은 원래 어머니가 태아를 품고 있는 자궁(רחם 레헴)에서 파생된 단어이다. 따라서 '긍휼'이라는 의미는 어머니가 태아를 향하는 자애로운 사랑을 나타내는 단어이다.

에돔이 형제임에도 불구하고 이스라엘 사람들을 향해서는 자비와 자애로움을 전혀 보이지 않았다는 것이다. 오히려 칼을 들고 잔인하게 살해하며 끝없이 분노를 폭발시키는 잔인함에 대해 심판을 선포한 것이다.

다윗 시대에는 에돔이 이스라엘 휘하에 있었으나 솔로몬 이 후에는 독립하였다. 그 후 이스라엘의 아합과 유다의 여호사밧 시대에 다시 이스라엘과 유다의 휘하에 들어왔다. 에돔이 중요한 것은 홍해로 가는 길목에 있었기 때문이다. 만약 이스라엘/유다가 홍해의 항구도시인 엘랏을 차지하였다고 한다면 에돔 역시 이스라엘/유다의 통제를 받고 있다고 짐작하면 틀림없다.

아모스 시대에는 상황이 역전되었다. 시리아 왕 르신이 엘랏을 점령하고 에돔 사람들을 그곳에 정착시켰다(왕하 16:6).[41] 당시에 엘랏에는 유다 사람들이 있었는데 그들은 시리아 군인들에 의해 살해되고 추방되었다. 아마도 추방당한 사람들은 포로로 끌려갔을 것이다.

데만은 에돔의 지파 이름이기도 하고 지역 이름이기도 하다. 아마도 보스라 주변의 지역을 가리키는 것으로 보인다. 보스라는 에돔의 수도로서 현재 부세이라(Buseirah)인데 사해 동남쪽으로 34km 거리에 있는 도시이다. 보스라는 아모스 당시 아주 큰 도시였다. 보스라의 궁궐을 불태운다는 것은 에돔의 왕실과 지도자들을 심판하시겠다는 의미이다.

---

41) "당시에 아람 왕 르신이 엘랏을 회복하여 아람에 돌리고 유다사람을 엘랏에서 쫓아내었고 에돔 사람이 엘랏에 이르러 거하여 오늘날까지 이르렀더라"(왕하 16:6). 엘랏에 정착한 사람들을 히브리어 성경(MT)에는 '아람(ארם)' 즉 '시리아'로 기록되어 있으나 난외주 읽기(케레)는 '에돔(אדם)'으로 읽기를 권장하고 있으므로 '에돔'으로 읽는다. 정중호, **열왕기하**, 성서주석 11 (서울: 대한기독교서회, 1995), 295.

6) 암몬에 대한 심판 (1:13-15)

요단 동편에, 그리고 길르앗 지역 아래에 있는 암몬은 이스라엘과 역사적으로 많은 갈등을 겪어왔다. 사사기에 나오는 입다의 전투(삿 10:7-11:33), 사울의 전투(삼상 11장), 다윗의 전투(삼하 8:12; 10:1-11:1; 12:26-31) 등이 암몬과의 전투였다.

전쟁은 잔혹하다. 그리고 정복자는 후환과 반란을 두려워하여 장정과 어린이까지 모든 남자들을 죽인다. 심지어 어머니의 뱃속에 있는 태아까지 모두 죽여버린다. 이러한 전쟁 관습은 앗수르 문헌에도 나타나고 그리스 서사시에도 나타나며 성경에도 나타난다(왕하 8:12; 15:16; 호 13:16).

이러한 전쟁관습을 구체적으로 금지하는 법이 나타나지는 않지만 "살인하지 말라"라는 율법에 포괄적으로 포함되어 있는 것으로 볼 수 있다. 그러나 아모스는 이러한 잔혹한 전쟁 관행에 대해 구체적으로 비판하며 심판을 선언하였다.

랍바는 암몬의 수도이며 얍복강 상류에 있다. 그리고 랍바는 사해에서 북동쪽으로 약 40km 거리에 위치해 있다. 하나님의 심판은 수도인 랍바를 향해 시행될 것이며 특히 궁궐을 불사를 것이라 하였다. 또한 다른 나라들과 달리 구체적으로 왕과 지도자들이 포로가 되어 추방될 것이라 하였다.

7) 모압에 대한 심판 (2:1-3)

모압은 사해 동편의 고원 지역이며 남쪽은 에돔과 닿아 있으며 경계는 세렛강이다. 이스라엘 왕 오므리가 모압을 정복했으나 아합 왕 때 모압은 독립을 쟁취하였는데 모압 왕 메사가 주도하였다.[42] 그후 여로보암 2세 때에 잠시 이스라엘이 모압을 통치하였으나(대하 5장) 여로보암 2세 말기에 시리아의 르신에게 모압을 빼앗겼다.

모압을 심판한 이유는 이스라엘과의 갈등에서 비롯된 것이 아니었다. 이웃인 에돔과의 갈등 속에 에돔 왕의 뼈를 불살라 재를 만들었기 때문이다. 재가 된 뼈가루는 아마도 회에 섞여서 건물을 지을 때 외벽을 바르는데 사용되었을 것이다. 죽은 자의 뼈를 불태운다는 것은 시체를 훼손하는 것이요 잔인한 관습이다. 동시에 후손에게 모멸감을 안겨주는 정신적 테러라 할 수 있다. 하나님은 시체를 훼손하는 것이나 정신적 테러에 대해서 심판하신 것이다.

정복자나 승리자가 점령지역의 왕의 뼈를 불살라 재를 만드는 이유는 무엇일까? 보통 죽은 조상은 무덤에 안치되며 자손들이 그 곳에서 제사를 드리는 풍습이 있었다. 즉 조상은 후손의 기억 속에 남아있어서 정신적으로 영향을 미치는 것이다. 그런데 시체가 무덤에도 있지 못하고 남은 뼈들도 불살라 재가 되어 페인트의 한 요소가 되어 버린다면 조상의 존재가 사라지는 것이다. 조상에게 제사도 드릴 수 없게 되니 후손들의 기억 속에서도 점점 사라지게 되는 것이다.

주목할 점은 왕의 뼈를 불사른다는 것은 단순히 시체를 훼손한다는 차원이 아니라 왕의 무덤을 부정하게 만드는 효과가 있다. 요시야가 종교개혁을 단행했을 때 사람의 뼈를 단 위에 불사르는 것은 그 제단의 신성함을 파괴시켜 더럽게 만들기 위한 것이었다(왕하 23:20). 이처럼 왕의 뼈를 불사른다는 것은 왕을 조상으로 섬기는 제단을 비롯한 무덤의 신성함을 파괴시키기 위한 것이었다. 이렇게 함으로 인해 후손

---

42) 메사비문, "The Moabite Stone," *ANET*, 320-321.

들은 뿌리가 뽑히는 정신적인 충격을 받을 수 있으며 모욕과 모멸감을 느끼게 된다. 이것은 정신적인 테러행위이다.

그리욧은 모압의 도시이며(렘 48:24) 오늘날 엘-케레이야트로 알려져 있으나 확실치 않다. 메사 비문에는 그리욧에 모압의 신인 그모스를 섬기는 성소가 있었다고 기록되어 있다.[43] 궁궐이 있었다고 되어있으니 큰 도시인 것으로 짐작된다.

하나님은 다른 나라들을 심판할 때와 마찬가지로 궁궐을 불태워 왕을 징계하였다. 그런데 모압의 경우 전쟁 중에 모압이 죽을 것이라는 것과 재판장과 지도자들을 죽이는 심판을 덧붙였다. '재판장'이라 번역한 '쇼페트'는 '재판관' 혹은 '사사'라 번역하는 단어이다. 따라서 단순히 재판만 담당하는 사람들이 아니라 통치를 담당하는 사람을 가리킬 수 있는데 특히 외국에서 파견된 총독과 같은 통치자를 가리킬 수도 있다. 아모스 당시에 모압은 이미 시리아의 르신의 손 안에 들어갔다. 따라서 시리아에서 파견된 통치자를 가리킨 것으로 볼 수 있다.[44] 왕과 지도자들 그리고 외국에서 온 통치자들이 모두 심판의 대상이 될 것이라는 아모스의 예언이다.

8) 유다에 대한 심판 (2:4-5)

유다가 무슨 잘못을 저질렀는가? 야웨의 율법과 야웨의 율례를 지키지 않았고 조상들이 했던 잘못된 길을 따라갔다는 것이다. 언뜻 보기에는 다른 나라들과는 달리 유다는 야웨종교에 충실하지 않은 점

---

43) "The Moabite Stone," *ANET*, 320-321.

44) J. H. Hayes, *Amos, The Eighth-century Prophet: His Times & His Preaching*, 100.

에 대해 심판한 것이라 보여진다. 그러나 좀 더 분석해보면 이러한 표현들이 정치적이며 윤리적인 잘못을 들추어낸 것도 있음을 발견할 수 있다.

"야웨의 율법"은 전해 내려온 율법(토라)을 가리킬 수도 있지만 여기서는 오히려 "야웨의 말씀(가르침)"으로 이해하는 것이 더 적합하다. 그리고 "그(야웨)의 율례" 역시 하나님의 뜻이 담긴 것이다. 이러한 하나님의 뜻을 멸시하고 그 뜻을 따르지 않으면서 조상들이 갔던 잘못된 길을 따라간 것이 유다의 죄목이었다.

유다의 죄목은 전통적으로 이야기하는 하나님의 정의와 공의를 저버린 것이라 볼 수도 있다. 하지만 헤이스(J. H. Hayes)는 북왕국 이스라엘의 속국처럼 지내는 것이 바로 하나님의 뜻을 저버린 것이라 주장하였다.[45] 특히 하나님께서 중요하게 여기신 다윗왕조 신학에 비추어보면 이스라엘의 속국처럼 지내는 것은 하나님의 뜻이 아님을 알 수 있다. 유다는 이스라엘 왕 오므리 시대부터 줄곧 이스라엘의 속국처럼 지내왔으며 대외적으로는 이스라엘의 깃발 아래 함께 움직였다.[46] 모든 것을 우상숭배 때문에 하나님께서 심판하신다는 것으로 해석하는 것은 너무 하나님의 뜻을 편향적으로 해석하는 것이다. '거짓(כזב 카자브)'이라는 단어를 우상이나 다른 신일 것으로 짐작하는데(5절) 성경 어느 곳에서도 이 단어가 우상을 가리키는 곳이 없다.[47] 그런데 70인역(LXX)은 히브리어 성경를 번역할 때 이 단어를 '우상'이

45) J. H. Hayes, *Amos, The Eighth-century Prophet: His Times & His Preaching*, 100.

46) 정중호, "고대 이스라엘의 남북 관계에 관한 역사적 연구," 44-65.

47) J. H. Hayes, *Amos, The Eighth-century Prophet: His Times & His Preaching*, 103.

라 해석하고 "그들이 만든"이라는 구절을 첨가하여 번역하는 오류를 범하였다. 이 '거짓'이라는 단어는 예언서에서 주로 국제정치적인 상황을 묘사할 때 사용된 단어로서 앗수르에 반항하여 반란을 일으키는 행위를 가리키는 용어로 사용되었다(사 28:15-17; 호 7:13; 12:1). 따라서 반앗수르 반란에 동참하여 방황한 유다의 흐름을 아모스가 책망한 것으로 짐작할 수 있다.

유다를 향한 심판은 다른 나라들과 마찬가지로 왕이 있는 예루살렘 궁궐을 향해 불을 보내시는 것이다. 왕과 지도자들을 심판하시려는 하나님의 뜻임을 알 수 있다.

9) 이스라엘에 대한 심판 (2:6-16)

아모스는 일곱 나라에 대해 심판을 선포한 후 마지막으로 이스라엘에 대해 심판을 선포하였다. 이스라엘에 대한 심판예언은 다른 나라들과는 차이가 있다. 우선 양적인 면에서 월등히 많은 지면을 차지하고 있다. 그리고 지리적으로 보아도 다메섹에서 시작하여 대각선으로 블레셋까지 이르고, 다시 지중해 연안을 거슬러 올라가서 두로를 심판하였다. 그리고 또다시 대각선으로 동남쪽으로 향하여 에돔에 이르고, 북쪽으로 올라가 암몬과 모압을 거쳐 중앙으로 들어가는데 유다를 거쳐 심장부인 이스라엘에 도착한 것이다. 이러한 지리적인 배열을 볼 때 정말 아모스가 선포하고 싶은 예언은 이스라엘을 향한 예언임을 알 수 있다. 청중이 이스라엘 사람이니 당연한 것으로 보여진다.

의로운 사람을 돈으로 판다는 것은 무엇을 의미하는가? 우선 재판과정에서 뇌물을 받고 억울한 일을 만든다는 것이다. 즉 죄 없는 사람이 억울하게 벌을 받고 죄인이 풀려나는 일이 벌어진다는 것이다.

그다음 가능성은 빚을 갚지 못해 노예로 팔려가는 상황이다.

그런데 가난한 사람을 신발 한 켤레 값으로 판다는 것은 좀 이상하다. 주전 8세기에 노예의 가격이 갑자기 폭락했을 가능성도 없고 그러한 정황도 발견할 수 없다. 아무리 노예의 가격이 떨어져도 주전 8세기에 신발 한 켤레 값으로 매매되었다는 것은 비현실적이다. 오히려 다른 의미를 찾을 필요가 있다. 룻기에 보면 상대방에게 신발을 벗어준다는 것이 소유권 이전이나 무르기를 확정짓는 관행임을 알 수 있다(룻 4:7). 따라서 여기에 나타나는 '신발'은 가격을 나타내는 것이 아니라 계약을 맺고 계약을 이행하는 관습으로 볼 수 있다. 즉 가난한 사람이 계약에 따라 빚을 갚지 못했을 때 노예로 팔려가는 일이 일어난다는 것이다.

6b-7a절에는 연속해서 '가난한 사람'이 등장한다. 각각 **אביון**(에브욘) **דלים**(달림) **ענוים**(아나윔) 등인데 가난하거나 약자이거나 학대를 받는 사람 등의 의미가 있는 단어들이다. "가난한 자의 머리에 있는 먼지를 보고 헐떡거린다"는 것은 권력자와 부자들의 탐욕을 묘사한 것이다. 나단 선지자가 밧세바를 취한 다윗을 책망할 때 사용된 이야기와 비슷하다(삼하 12장). 먼지(땅의 먼지)는 아주 하찮은 것이다. 그러나 부자는 하찮은 것이라도 자기의 것을 사용하지 않고 약한 자 혹은 가난한 자의 것을 빼앗아 사용하려고 한다는 것이다. "가난한 자의 길을 굽게 만든다" 혹은 "가난한 자의 길을 외면한다"는 것은 잠언 17장 23절을 참고하면 이해할 수 있다; "악인은 사람의 품에서 뇌물을 받고 재판을 굽게 하느니라". 부자와 권력자들이 돈을 받고 힘이 없는 가난한 사람들을 억울하게 만든다는 것이다. 그런데 7b절에 대한 번역과 해석에 대해 논란이 분분하다.

한 남자와 그의 아버지가 한 젊은 여인에게 가며
나의 거룩한 이름을 더럽혔다. (암 2:7b)

아버지와 자식이 한 젊은 여인(נערה 나아라)에게 갔다는 것은 아버지와 자식이 한 여인과 성적인 관계를 맺는다는 뜻으로 주로 해석을 해왔다. 그런데 쿠트(R. B. Coote)는 또 다른 해석의 가능성을 제시하였다. 즉 한 남자와 그의 아버지가 술집 안주인에게 고리로 돈을 빌리러 갔다고 해석을 하였다.[48] 즉 성적인 문제에 대해 이야기하는 것이 아니라 경제적인 고리대금에 대해 비판하는 것이라 해석을 하였다. 이러한 번역과 해석을 할 수 있는 근거는 동사인 나아르(נער)의 의미 가운데 "흔들어 비우다, 흔들어 털다"라는 의미가 있고 느헤미야 5장 13절의 경우를 살펴볼 때 '그 여인'이 아니라 '저당권 상실'로 번역할 수 있다는 것이다.[49] 쿠트의 해석은 약한 자들을 착취하고 압박한다는 6-8절 전체의 맥락에 적합하다. 그러나 여전히 의문점은 남아 있기 때문에 하나의 가능성으로 남겨 둘 필요가 있다.

만일 젊은 여인에게 자식이나 아버지가 동일하게 갔다면 이러한 행위는 율법에 위배된다. 즉 율법은 자식이 아버지의 여인과 관계하는 것을 금지시켰고(레 18:8; 20:11; 신 22:30; 27:20), 아버지가 자식의 여인과 관계하는 것을 또한 금지시켰다(레 18:15; 20:12). 이러한 위배행위는 하나님의 백성이 하나님의 뜻을 어기는 것이므로 하나님의 거룩한 이름을 더럽히는 행위가 되는 것이다.

제단 옆에 누웠다고 해서 반드시 거기서 밤에 잠을 잔다고 볼 수

48) R. B. Coote, 우택주 역, 아모스서의 형성과 신학 (대한기독교서회, 2004), 62-63.

49) 우택주, 8세기 예언서 이해의 새 지평 (대한기독교서회, 2005), 153-155.

는 없다. 오히려 제단 옆에서 화목제의 잔치에 참여하는 모습으로 보인다. 그런데 중요한 것은 자신의 겉옷이 아니고 다른 사람의 겉옷을 펴고 비스듬히 누워 잔치에 참여하는 것이다. 빚을 갚지 못해 차압당한 겉옷으로 자리를 펴고 채권자는 잔치를 즐기는 것이다. 부자에게는 그 겉옷이 방석에 불과할 것이지만 가난한 사람에게는 그 겉옷이 추위를 막아주는 옷이요 이불인 것이다. 그래서 겉옷을 차압하였으면 해가 지기 전에 돌려 보내라고 하였다. 만약 추위에 떠는 사람이 하나님께 부르짖으면 하나님께서는 들으실 수 밖에 없다고 하였다(출 22:26-27; 신 24:12-13).

하나님의 전(성전)에서 술 마시는 것이 문제가 되는 것이 아니라 벌금으로 받은 술을 마시는 것이 문제다. '벌금'이라 번역한 **ענושים**(아누쉼)은 '세금'으로도 번역되는 단어이다. 결국 벌금을 거두거나 세금을 거두는 관리나 권력자가 지금 그 술을 마시고 있는 것이다. 탐관오리들이 가난하고 힘없는 백성으로부터 착취한 것을 가지고 지금 그들은 제사도 드리고 그 술을 마시면서 즐기고 있는 것이다.

하나님께서 이스라엘 백성을 위해 하신 일을 열거하였다. 이 부분에서 중요한 것은 하나님께서 '내가 하였다'는 점을 강조한 것이다. 9절과 10절의 시작 부분에는 '내가(**אנכי** 아노키)'라는 단어가 반복해서 나타난다. 사실 그 다음 단어인 동사가 일인칭이기에 굳이 '내가'라는 단어를 사용할 필요가 없지만 하나님 자신이 직접 하신 일임을 강조하기 위해서 이 단어를 추가한 것이다. 그리고 10절 이하에는 이스라엘 백성을 '너(you)'라고 직접 부르면서 가까이 다가오시는 하나님의 모습을 볼 수 있다. 하나님께서 이스라엘을 위해 하신 세 가지 일을 정리하면 다음과 같다;

(1) 하나님께서 직접 강대한 아모리 사람들을 멸망시켰다. '아모리

사람'이란 이스라엘이 팔레스틴에 도착하기 전에 거주하였던 사람들을 가리킨다. 소위 '가나안 사람'보다는 범위가 넓은 개념이다. 하나님께서 아모리 사람들을 멸망시켰는데 뿌리까지 멸망시켰다는 것은 완전히 멸망시켰다는 뜻이다.

(2) 이스라엘 백성을 이집트에서 탈출시킨 것과 광야에서 인도하여 땅을 차지하게 하였다는 하나님의 인도하심을 강조하였다. 여기서 강조되는 것은 이집트 탈출보다 약속의 땅을 차지하게 되었다는 것이다. 단순한 탈출이라면 '나가다(יצא 야차)'라는 동사를 사용하는데 여기서는 '올라가다(עלה 알라)'라는 단어를 사용하여 대적을 쳐부수고 그 땅을 차지한다는 의미를 나타내 보여주고 있다. 40년 동안 광야에서 인도하였다는 점을 강조하였다. 마실 물도 없고 먹을 양식도 없으며 추위와 태양의 열기가 교차하는 죽음의 땅을 장기간인 40년 동안 하나님의 은혜로 통과할 수 있게 하였다는 것이다.

(3) 하나님께서 예언자들과 나실인을 일으키셨다. 예언자들은 누구인가? 현실에 만연되어 있는 잘못을 지적하고 미래의 이상적인 비젼을 제시하는 사람들이다(애 2:14; 잠 29:18). 나실인은 하나님께 봉헌된 사람들로서 삼손과 사무엘을 들 수 있다. 그리고 한시적으로 나실인의 경건생활을 서원하여 지키는 사람들이 있었다(민 6:1-21). 서원하여 한시적으로 나실인 경건생활을 하는 사람은 제사장에 필적하는 거룩한 신분이 되며 포도주를 마시지 않고 머리에 칼을 대지 않고 시체와 접촉 할 수 없는 금기사항을 지켜야 한다.

위의 세 가지는 하나님께서 직접 이스라엘 백성을 위해 하셨는데, 이스라엘 백성은 예언자들에게 예언하지 말라고 하였고 나실인이 지켜야 할 금기사항을 지키지 못하도록 포도주를 마시게 했다고 책망하였다.

다른 나라들에게는 불로 궁궐을 불태우고 지도자들을 심판하는 것이 일반적인 모습이었다. 그런데 이스라엘의 경우는 다르다. 하나님께서 직접 심판을 하시는데 지속적으로 압박을 가하고 있는 모습이다. 그런데 이러한 하나님의 심판을 피할 수 있는 사람은 아무도 없다는 것이다. 발이 빠르고 힘이 있는 용사라 할지라도 하나님의 심판을 피할 도리는 없다는 것이다.

4. 결론

아모스가 선포한 열방에 대한 예언은 치밀하게 구성되어 있고 반복구절이 많으며 정형화 되어 있다. 이러한 형태로 인해 본 예언은 쉽게 외울 수 있었고 널리 전파될 수 있었을 것이다.

아모스는 주로 심판을 선포하였으며 그것도 강렬한 용어를 사용하여 예언하였다. 아마도 아모스는 눈 앞에 닥쳐올 심판을 감지하였기에 더욱 안타깝고 급한 마음으로 예언을 하였을 것이다. 여로보암 2세 통치 말기에 시리아의 압박 속에서 점점 더 기울어져가는 이스라엘의 모습을 보면서 아모스는 하나님의 빛 아래서 새로운 희망을 찾을 수 있기를 바라며 강한 어조로 예언을 선포하였다.

아모스는 맨 먼저 하나님의 부르짖음, 하나님의 목소리를 들려주었다(암 1:2). 하나님의 말씀은 허공에 흩어지는 법이 없다. 반드시 이루어진다. 하나님의 심판 음성이 있은 후 하늘의 비가 중지되고 땅 속에 흐르는 지하수가 말라갈 것이라 하였다. "입술의 열매를 짓는 나 야웨"(사 57:9)라는 구절과 같이 하나님의 말씀은 반드시 성취되며 그 열매를 맺게 된다고 했는데 아모스의 예언이 시작되고 2년 후 심판의 대지진이 이스라엘에 일어났다(주전 748년).

이스라엘 주위의 나라들이 하나님에 의해 심판을 받게 되리라는 예언이 선포되었다. 그런데 외국 나라들이 심판받는 이유는 야웨 하나님을 섬기지 않는다는 종교적인 것이 아니었다. 일반적으로 모든 사람들이 수긍할 수 있는 도덕적이며 상식적인 기준을 들면서 책망한 것이고 인간으로서 하지 말아야할 행동을 한 것에 대해 질타한 것이다. 이러한 기준은 유다와 이스라엘에도 동일하게 적용하고 있다. 특히 경제와 관련되어 약자와 가난한 자를 착취하고 압제한 일에 대해서 통렬히 비판하였다. 이와 더불어 유다와 이스라엘에게는 하나님의 가르침을 따르지 않는 일에 대해서 하나님의 말씀을 전하는 예언자를 핍박한 일에 대해서 비판하였다.

본문에서 주목할 만 한 점은 회개를 촉구하거나 용서를 암시하는 구절이 없다는 점이다. 처음부터 끝까지 잘못한 점을 지적하며 심판을 선언하는 것으로 일관하고 있다. 그만큼 저지른 잘못된 행동에 대해 분명히 직시하도록 하고 그 행동에 대해 책임을 지라는 것이다. 그것이 정의이고 상식임을 알려주고 있는 것이다. 잘못된 행동을 했으면 심판받는 것이 당연한 것이고 하나님의 채찍을 맞을 각오를 해야 한다는 것이다. 아주 기본적이고 상식적인 이러한 생각을 특이하게 여기는 분위기가 오늘날 현대 기독교인 가운데 있다면 그것은 무엇인가 잘못된 것일 수밖에 없다. 용서는 아주 예외적이며 특별한 것임을 본문은 일깨워주고 있다.

III. 이스라엘에 대한 심판 설화 | 3:1-6:14

1. 사마리아 심판 | 3:1-4:3

[구조]

A. 예언자의 권위	3:1-8
1) 심판받는 선민	3:1-2
2) 예언자의 권위	3:3-8
B. 사마리아 심판	3:9-4:3
1) 사마리아에 닥쳐오는 공포	3:9-11
2) 완전한 파멸	3:12
3) 베델의 마지막	3:13-15
4) 사마리아의 귀부인	4:1-3

[번역]

1 이스라엘 자손들아 야웨께서 너희에 대하여,
곧 이집트 땅에서 인도하여 올리신 모든 족속에 대하여 이르시는 이 말씀을 들으라.
이르시기를,
2 "내가 땅의 모든 족속 가운데 너희만을 알았나니 그러므로 내가 너희 모든 죄악을 너희에게 보응할 것이다."
3 두 사람이 만나지 않고서야 어찌 함께 걸어가겠는가?
4 사자가 움킨 것이 없는데 어찌 수풀에서 부르짖겠으며,

젊은 사자가 잡은 것이 없는데 어찌 굴에서 소리를 내겠느냐
5 덫을 땅에 놓지 않았는데 새가 어찌 거기 치이겠으며,
잡힌 것이 없는데 덫이 어찌 땅에서 튀겠느냐
6 성읍에서 나팔이 울린다면 백성이 두려워하지 아니하겠는가?
재앙이 성읍에 임한다면 야웨께서 만드신 것이 아닌가?
7 참으로 주 야웨께서는 자기의 계획을 그 종 예언자들에게 보이지
아니하시고는 행하지 아니하실 것이다.
8 사자가 부르짖은즉 누가 두려워하지 아니하겠느냐?
주 야웨께서 말씀하신즉 누가 예언하지 아니하겠느냐?

9 아스돗의 궁궐들과 이집트 땅의 궁궐들에 선포하여 말하라; "너희
는 사마리아 산들에 모여 그 성 중에서 얼마나 큰 요란함과 학대함이
있나 보라."
10 자기 궁궐에서 포학과 겁탈을 쌓는 자들이 바른 일 행할 줄을 모
르는구나. 야웨의 말씀이라
11 그러므로 주 야웨께서 이와 같이 말씀하시도다; "이 땅 사면에 대
적이 있어 네 힘을 쇠하게 하며 네 궁궐을 약탈하리라."
12 야웨께서 이와 같이 말씀하시도다; "목자가 사자 입에서 양의 두
다리나 귀 조각을 건져냄과 같이 침상 모서리에 있는 이스라엘 자손
과 사마리아의 통치자들이 이같이 건져질 것이며 그들의 침상은 다메
섹에 있을 것이다.
13 너희는 듣고 야곱 족속에게 증언하라
주 야웨 만군의 하나님의 말씀이라.
14 "참으로, 내가 이스라엘의 모든 죄를 보응하는 날에 벧엘의 제단
들을 벌하여 그 제단의 뿔들을 꺾어 땅에 떨어뜨릴 것이다.

15 내가 겨울 궁과 여름 궁을 치리니 상아 궁들이 파괴되며 큰 궁들
이 무너지리라"
야웨의 말씀이라

4:1 이 말을 들으라. 사마리아 산에 있는 바산의 암소들아
너희는 힘 없는 자를 학대하며 가난한 자를 압제하며 가장에게 이르
기를 술을 가져다가 우리로 마시게 하라 하는구나
2 주 야웨께서 자기의 거룩함을 두고 맹세하시도다; "참으로 보라.
때가 너희에게 이르리라. 사람이 갈고리로 너희를 끌어가며 낚시로 너
희의 남은 자들도 그리하리라.
3 너희가 성 무너진 데를 통하여 각기 앞으로 바로 나가서 하르몬에
던져지리라."
야웨의 말씀이라

[해석]

A. 예언자의 권위 (1–8절)

1) 심판받는 선민 (1-2절)

이스라엘을 이야기할 때 "이집트 땅에서 인도하여 올리신 모든 족속"(1절)이라고 불렀다. 이것은 이스라엘이 단일 민족이 아니라 여러 민족으로 구성되었다는 것을 의미한다. 따라서 야웨의 백성이 혈연으로 공동체가 된 것이 아니라 신앙으로 하나의 공동체를 이루고 있음을 발견할 수 있다.

이스라엘에 대한 하나님의 심판이 내려진 것은 이스라엘에 대한 하나님의 특별한 관계 때문이다. 그 특별한 관계는 하나님은 이스라엘의 신이요 이스라엘은 하나님의 백성의 관계이다. 구체적인 경험은 바로 출애굽과 광야에서 인도하심과 약속의 땅에 정착하는 사건을 통해 경험한 하나님의 신실하신 사랑이다.[50] 그 어느 민족도 경험하지 못한 특별한 경험을 통해 다져진 하나님과 이스라엘의 독특한 관계이다. 그 관계를 '알다(ידע 야다)'라는 단어로 표현하는데 이 단어의 의미는 마치 부부가 서로 동침하며 알고 지내듯이 그렇게 친밀하게 알고 지내는 것을 의미하는 단어이다.

따라서 이스라엘에 대한 하나님의 심판은, 마치 다른 사람에게는 덤덤하게 지나칠 수는 있어도 사랑하는 사람에게는 사랑의 감정과 더불어 질투의 감정이 불같이 일어나는 현상과 비슷하다. 이스라엘에 대한 하나님의 심판은 마치 부모가 자식을 매로 훈계하는 것같고 사랑하는 연인이 질투의 감정을 쏟아놓는 것과도 같다.

2) 예언자의 권위 (3-8절)

3절에서 5절까지는 의문부사 ה(하)로 시작되는 5개의 의문문이 연달아 나타난다. 그리고 6절은 "만약(אם 임)"이라는 조건절이 두 번 연달아 나타난다. 7절에는 '참으로'라는 뜻의 כי(키)가 나타나 결론 부분인 7-8절을 이끌고 있다. 마지막 절 8절은 결론 절이면서 가장 중요한 내용을 보여준다. 즉 예언자 아모스는 하나님의 말씀에 의지해서 예언하고 있다는 예언자의 권위를 강조하고 있다.

---

50) H. W. Wolff, *Amos*, 176-177.

2-5절의 의문문에 대한 답은 청중이 할 것인데 그 답은 이구동성으로 "예 참으로 맞는 말입니다"라는 답을 할 수 밖에 없는 질문을 던지고 있다. 누구나 알 수 있는 평범한 경험들을 이야기하면서 논리적으로 설득하는 이러한 방식은 고대 중동의 교육현장에서 널리 활용된 방식이었다.[51] 3절처럼 두 사람이 함께 길을 간다는 것은 두 사람이 만났다는 것을 전제로 하고 있다. 따라서 논리적으로 전혀 반박할 수 없는 당연한 일들을 반복적으로 제시하고 있다.

동시에 감성적 측면을 이야기 할 수밖에 없다. 사자가 부르짖는 소리, 성읍에 울려퍼지는 파수꾼의 나팔소리, 덫에 치이는 새의 비명과 덫이 튀어 오르는 소리, 만나서 함께 걸어가기, 하나님이 예언자에게 보여 주시는 비밀, 사자가 먹이를 사냥하는 날렵한 모습, 굴에서 사자 새끼들이 피가 흐르는 고기를 먹는 모습 등 오감을 자극하는 언어들이 여기에 응축되어 있다. 감각적 언어들은 청중을 자극하며 현실감을 느끼게 하여 메시지 전달에 큰 도움을 줄 수 있다.

만남과 함께 걸어가기 (3절)

3-5절의 의문문들이 7-8절의 결론을 위한 단순한 논리적인 기호일까? 다른 의미는 없을까? 설교(예언)에서 활용되는 이미지와 이야기는 화자와 청중 모두에게 논리적인 기호로만 소통되지는 않는다. 여러 가지 의미가 포함되어 서로 의사소통하고 있다.

함께 걸어간다는 것은 하나님과 이스라엘 백성이 함께 걸어간다는 의미(1-2절)를 떠올릴 수 있고, 그 전에 서로 만났다는 것이 강조될

51) J. H. Hayes, *Amos, The Eighth-century Prophet: His Times & His Preaching*, 124.

수 있다. 만남과 함께 걸어가기는 지극히 자연스러운 현상임을 강조한 것이다.

사자의 부르짖음 (4, 8절)

사자의 부르짖음은 하나님의 포효로 연결된다. 그리고 이 소리와 이미지는 심판의 이미지로 자주 사용되었다. 숲 속에서 사자를 막을 동물이 없는 것처럼 하나님의 심판을 막을 존재는 이 세상에 없다. 사자의 포효, 즉 하나님의 심판에 전율과 두려움을 느끼고 떨 수 밖에 없다는 메시지를 전달하고 있는 것이다.

새와 덫 (5절)

덫은 함정과 유혹을 상징한다. 덫이 땅에서 튀어오른다는 것은 새가 덫에 걸려 들었다는 이야기다. 새 덫의 이미지를 활용하는 것은 돈과 사치를 탐하여 뇌물을 받고 억울한 일을 만드려는 유혹에(암 2:6-8) 빠지지 말아야 한다는 메시지를 포함하여 전달하려는 의도도 들어있는 것이다.

재앙과 심판은 야웨로부터 (6절)

6절의 분위기는 달라지고 있다. "만일...한다면"이라는 조건절로 시작된다. 만일 외적의 침략이 있다는 신호로 나팔이 울려 퍼진다면 성안에 있는 사람들은 공포에 압도당할 수 밖에 없다는 것이다. 마찬가지로 재앙과 심판이 하나님의 손길로 이루어진다는 것은 당연하다고 이야기하고 있다. 이 부분은 심판을 예언해야하는 아모스로서는 중요한 부분이었다. 심판의 내용을 이야기하기 전에 소리와 이미지로 먼저 심판의 분위기를 전달하는 것이다.

예언자의 권위는 하나님으로부터 (7-8절)

7-8절은 이 부분의 결론이다. 7절을 후대의 첨가부분이라 여기면서 삭제하려는 움직임이 있지만 7절은 중요한 부분이다. 예언자의 권위가 하나님에게서 나온다는 사실을 강조하고 있다. 예언자는 "하나님께서 보여주시는 것"을 보고 예언하는 사람들임을 강조한 것이다. 그리고 8절에는 하나님께서 들려주시는 말씀을 듣고 예언하기 때문에 예언자의 권위는 하나님으로부터 나오는 것임을 강조한 것이다.

7절이 예언자는 하나님의 일을 알 수 있다는 예언자의 특별한 능력을 강조한 것이라면, 8절은 누구나 하나님께서 부르시면 예언자가 될 수 있다는 점을 강조한 것이다. 동시에 예언자의 능력도 예언자로 선택받는 것도 모두 하나님의 특별한 부르심과 은혜가 없으면 가능하지 않는다는 점을 강조하고 있다. 즉 예언자가 될 수 있고 예언자로서 능력을 발휘할 수 있는 유일한 방법은 하나님으로부터 나온다는 사실을 강조한 것이다.

B. 사마리아 심판 3:9-4:3

1) 사마리아에 닥쳐오는 심판의 공포 (9-11절)

아모스는 청중들이 아스돗과 이집트에 가서 하나님의 말씀을 선포하라고 명령한다. 그 내용은 아스돗과 이집트를 사마리아에 불러모아 증인으로 삼겠다는 것이다. 재판을 할 때 어떤 사람을 죄인으로 재판하기 위해서는 두 사람의 증인이 필요하다. 마찬가지로 사마리아를 심판하기 위해 두 나라가 증인으로 서라는 것이다.

사마리아의 죄목은 2:6-8에 잘 나타나 있듯이 약한 자들을 착취하고 억울하게 만드는 일들이다. 따라서 하나님의 심판은 외적의 침략으로 사마리아가 약탈당하고 파멸되는 것이다.

2) 이스라엘의 완전한 파멸 (12절)

목자들은 양떼를 책임지는 사람들이며 주로 고용되어 일하는 경우가 많다. 그런데 불행하게도 사자나 맹수들에게 양을 빼앗기는 일이 일어나면 목자들은 주인으로부터 의심을 받게 된다. 혹시나 목자들이 양을 잡아먹지는 않았는지 의심을 한다는 것이다. 이러한 의심을 의식해서 목자들은 사자를 추적하여 사자가 먹다 남은 흔적을 찾아 그 남은 것을 증거물로 주인에게 보여야한다. "양의 두 다리나 귀 조각"은 사자가 양을 잡아먹었다는 증거이다. 양은 이미 죽은 것이다. 양을 다시 살릴 방도는 없다는 증거이다. 하나님께서 "사자 입에서 양의 두 다리나 귀조각을 건져냄 같이" 이스라엘을 건져낸다는 것은 이스라엘을 완전히 파멸시키고 다시는 일어나지 못하도록 하겠다는 심판을 선포한 것이다.

그런데 12하반절은 번역하기가 참으로 힘든 절이다. 중요한 부분은 '다메섹(דמשק)'이라는 단어를 이제까지는 모호하게 '부분' 혹은 '방석' 등으로 번역하였지만 설득력이 부족했다. 오히려 시리아의 수도 '다메섹'으로 번역하는 것이 적합한 번역으로 보인다. 왜냐하면 "(그들의) 침상이 다메섹에 있다"는 것은 다메섹으로 포로되어 갈것이라는 것이기에 이스라엘 백성으로서는 완전한 파멸을 맛보게 되는 것이다.[52]

---

52) J. H. Hayes, *Amos, The Eighth-century Prophet: His Times & His Preaching*, 135.

그리고 '침상 모서리'라는 표현은 불안한 잠자리를 표현한 것이다. 심판과 재앙에 두려워 떨고 있는 이스라엘 백성들을 표현한 것으로 이들에게 이제 더 이상 희망은 없다는 것이다.

3) 사마리아 지도층의 마지막 (13-15절)

아모스는 누구에게 증언하라고 명령하였는가? '너희'(13절)는 아모스의 예언을 듣고 있던 청중들이며 그들로 하여금 자기의 동족 이스라엘 백성들에 대해 증인으로 설 것을 요청한 것이다.

아모스의 심판은 벧엘 성전과 왕의 궁궐들에 집중되어 있다. 벧엘 성전이 왕이 세운 성전이었으며 왕실의 채플 역할을 했기 때문에 결국 아모스의 심판은 이스라엘의 지도층을 겨냥한 것으로 볼 수 있다.

아합 왕은 이스르엘에 겨울 궁이 있었고 사마리아에 여름 궁이 있었다(왕상 21:1, 18). 아마도 이러한 궁을 가리킨 것으로 보인다. 그러나 때로는 동일한 궁궐 안에 겨울 궁과 여름 궁으로 나누어진 경우도 있을 수 있다.

4) 사마리아의 귀부인 (4:1-3)

바산은 숲과 들판이 있어 예로부터 목축하기 좋은 곳으로 알려져 있다. 윤기가 흐르고 살찐 소와 양들이 한가롭게 거닐고 있는 바산의 언덕 풍경을 그려볼 수 있을 것이다. 그런데 사마리아에 어떻게 "바산의 암소들"이? 이것은 사마리아에 있는 상류층 귀부인들을 풍자한 표현이다. 아마도 왕실의 귀부인들과 왕실과 가깝게 지내는 귀족들의 부인들을 가리키는 것으로 보인다. 그들이 가난한 사람들과 힘없는 사람들을 압제하고 학대했다고 하였다. 부인들이 직접 악행을 저지르지 않았다 하여도 부인들의 사치와 욕심을 채워주기 위해 남편들이 이러한 악행을 저질렀을 가능성이 많다.

'가장'으로 번역된 아돈(אדון)은 '주(主)' 혹은 '주인'이라는 뜻인데 그리고 남편에게 술을 가져오라고 주정을 하는 모습을 보면 귀부인들의 사치와 방종이 심했음을 알 수 있다.

이러한 귀부인들에게 심판이 선포되었다. 성이 무너지고 함락되어 포로로 끌려가게 된다는 것이다. 그리고 죽어 구덩이에 던져지는 신세가 될 것이라는 심판이 선포되었다. '하르몬'은 구약성경에서 한 번 밖에 나오지 않는 단어로서 그 의미가 모호하다. 아마도 쓰레기 장이나 사체를 소각하는 곳으로 짐작된다.

2. 하나님 만날 준비를 하라 | 4:4-13

[구조]

A. 벧엘과 길갈에 가서 죄를 더하라 4-5
B. 야웨에게로 돌아오지 않았다 6-11
C. 하나님 만나기를 준비하라 12-13

[번역]

4 "너희는 벧엘에 가서 범죄하라! 길갈에 가서 죄를 더하라!

아침에 너희 제물을 가져오라! 삼일에 너희 십일조를 드리라!
5 누룩 넣은 것을 불살라 감사제로 드리라! 큰 소리로 알리면서 자
원예물을 드려보아라!
참으로 이것이 너희가 사랑하는 바니라. 이스라엘 자손들아!"
주 야웨의 말씀이니라
6 또 내가, 내가 너희 모든 성읍에서 이를 깨끗하게 하였다.
그리고 너희의 각 처소에서 양식이 떨어지게 하였다.
그러나 너희가 내게로 돌아오지 아니 하였느니라.
야웨의 말씀이니라
7 또 내가, 추수하기 석 달 전에 내가 너희에게 내릴 비를 멈추게 하
였다.
어떤 성읍에는 내가 내리고 어떤 성읍에는 내가 내리지 않게 하였더니
땅 한 부분은 비를 얻고 한 부분은 비를 얻지 못하여 말라버렸다.
8 두 세 성읍 사람들이 어떤 성읍으로 비틀거리며 물을 마시러 갔으
나
만족하게 마시지 못하였다.
그러나 너희가 내게로 돌아오지 아니 하였느니라.
야웨의 말씀이니라
9 내가 곡식을 마르게 하는 재앙과 깜부기 재앙으로 너희를 쳤다.
그리고 팥중이로 너희의 많은 동산과 포도원과 무화과나무와 감람나
무를 다 먹게 하였다. 그러나 너희가 내게로 돌아오지 아니 하였느니
라.
야웨의 말씀이니라
10 내가 너희 중에 전염병 보내기를 애굽에서 한 것처럼 하였다.
내가 칼로 너희 청년들을 죽였으며 너희 말들을 노략하게 하였다.

그리고 내가 너희 진영의 악취로 코를 찌르게 하였다.
그러나 너희가 내게로 돌아오지 아니 하였느니라.
야웨의 말씀이니라
11 내가 너희 중에서 무너뜨리기를 하나님인 내가 소돔과 고모라를
무너뜨림 같이 하였다.
그리고 너희가 불붙는 가운데서 빼낸 나무 조각 같이 되었다.
그러나 너희가 내게로 돌아오지 아니 하였느니라.
야웨의 말씀이니라.
12 그러므로 이스라엘아 내가 이와 같이 네게 행하리라
내가 이것을 네게 행하리니 이스라엘아 네 하나님 만나기를 준비하라.
13 보라! 산들을 지으며 바람을 창조하며 자기 뜻을 사람에게 보이
며 아침을 어둡게 하며 땅의 높은 데를 밟는 분
그의 이름이 만군의 하나님 야웨시니라

[해석]

A. 벧엘과 길갈에 가서 죄를 더하라 (4–5절)

왜 벧엘과 길갈에 가서 세사를 드리는 것을 죄로 여기는가? 북왕국 이스라엘 초기부터 벧엘은 국가적 성소로 지정되었고 성전이 건립되었다. 벧엘은 야곱이 하늘에 닿은 사닥다리를 보았던 곳이요 오랜 전통이 서려 있는 성소이다(창 12:8; 28:10-22; 35:1-8). 북쪽 국경 부근의 단도 이스라엘 초기부터 국가적 성소였으나 아모스 시대에는 이미 시리아의 수중에 들어갔기 때문에 여기서는 언급하지 않은 것으로 보인다. 대신에 길갈이 언급되었다. 길갈도 여호수아 시대부터 이미 이스라

엘의 중요한 성소였다(수 4:19-20; 5:2-12; 삼상 7:15-17; 11:14-15).

이러한 중요한 성소에 나아가서 제사를 드리는데 제사 자체에 대해서는 특별히 잘못한 점을 발견할 수 없다. 그렇다면 죄를 짓는 다른 이유를 찾아보아야 한다. 길갈이 비록 요단강 서편에 위치해 있었으나 이미 베가의 수중에 들어간 것으로 보이며 베가 세력의 중심지이도 하다. 따라서 여기서 벧엘과 길갈을 들고 나온 것은 종교적인 죄를 범하기 때문이 아니다. 길갈에 가서 제사를 드린다는 것은 베가와 시리아의 르신 그리고 샤쉬일루가 이끄는 반앗수르 연합전선에 동참한다는 의미가 있다. 또한 벧엘은 여로보암 2세가 이끄는 북왕국 이스라엘의 중심 성소이며 친앗수르 정책을 표방하는 국가 정책의 홍보 장소이기도 하다. 이 두 성소는 정치적으로 대립되어 있는 양 세력의 중심지이기에 이 두 성소로 간다는 것은 결국 내전을 격화시키는 행동일 뿐이라는 것이다. 한 나라 안에서 동족상잔의 비극적인 전투를 벌이는 내전을 하나님께서는 원하지 않으시는 것이다(5:4-7, 14-15).

그러면 좀 더 구체적으로 내용을 분석해보자. 개정에는 '아침마다...삼일마다'로 번역되어 있으나 '아침에...삼일에'로 번역하는 것이 정확하다. 북 왕국에서는 제8월(마헤스반)에 장막절을 지키는데 '삼일'이 가장 절정을 이루는 날이다(왕상 12:32-33). 이 날은 새해가 시작되는 날이요 왕의 즉위식을 거행하는 '왕의 날(호 7:5)'이거나 즉위식을 기념하는 날이기도 하다.[53] 따라서 제3일에 국가의 정치적인 선언이나 정책에 대한 홍보가 이루어지는 것은 자연스러운 일이다.

이 때 드리는 제물을 살펴보면 '희생'이라 번역된 것은 'זבח(제바흐)'로서 일반적이 '제사'를 가리킬 때도 있고 '화목제'를 가리키기도 한

53) 정중호, 설교자를 위한 호세아 해석 (크리스천헤럴드, 2006), 149.

다. 여기서는 '화목제'로 번역하는 것이 문맥상 적합하다. 왜냐하면 잔치를 벌이며 기뻐하는 상황에 가장 어울리는 제사는 '화목제'이기 때문이다.[54] 그것도 아침에 화목제를 드려 잔치분위기를 돋우는 것은 '왕의 날'답게 흥겨운 분위기를 만드는 것으로 볼 수 있다.

그리고 누룩을 넣은 것을 드리는 제사는 감사제이다(레 7:13-14). 다만 누룩을 넣은 것은 제단 위에 올라갈 수 없다(레 2:11). 따라서 '불사르다'라는 용어는 '제단 위에서 불태우다'라는 구체적인 모습을 묘사한다기 보다 '제사를 드리다'라는 일반적인 뜻으로 해석하는 것이 적합하다.

그리고 'נדבה(느다바)'는 일반적으로 자유롭게 감사의 마음을 드리는 '자원제(freewill offering)'이다. '자원제'는 기쁜 마음에서 자발적으로 드리는 제사를 말하며 화목제가 그 대표적인 제사이다.

'십일조'가 언급된 것도 '왕의 날'과 무관하지 않다. 십일조는 하나님께 드리는 헌금(헌물)이지만 동시에 국가에 납입하는 세금의 성격도 있다(삼상 8:15, 17). 왕과 국가에 충성심을 표시하는 표현으로 '십일조'가 언급된 것으로 보인다. 동시에 십일조는 순례하러 가는 사람들이 먹을 수도 있고 가난하고 약한 사람들에게 나누어 줄 수도 있는 것이다(신 14:22-29). 따라서 십일조는 먹고 마시는 잔치분위기를 돋우는데 필요한 것이있다.

예언자들이 제사에 대해서 비판을 쏟아놓고 있는데 과연 제사 제도 자체를 소용없는 것이라고 여기는가? 결코 그렇지 않다. 특히 죄 문제를 해결하는 속죄제(정화제사)와 속건제(배상제사)를 결코 비판하지 않는다. 왜냐하면 성전을 중심으로 신앙생활을 하는 당시 상황

54) 정중호, 레위기: 만남과 나눔의 장, 133-134

에서 죄 문제를 해결하는 것은 제사를 통해서 할 수 밖에 없기 때문이다. 화목제, 번제, 소제 등 감사제사를 드리는 것에 대해서 주로 비판을 하는데 그 이유는 죄 문제를 먼저 해결하지 않고 감사를 드리는 것에만 급급해 있는 모습을 비판한 것이다. 이러한 예언자의 모습은 이사야 1장에서도 발견할 수 있다. 특히 화목제의 경우 드리는 사람과 주위에 가까이 있는 사람들이 함께 나누면서 잔치를 벌이는 제사이다. 그러나 아주 가난한 사람들은 이러한 제사를 드릴 힘도 없다. 즉 '제사(예배)'를 드린다는 명분을 내 걸면서 실제로는 가난한 사람들을 소외시키고 여유가 있고 윤택한 사람들끼리만 잔치를 벌이는 행태를 비판할 수밖에 없는 것이다. 결코 감사제사 자체를 비판한 것이 아니다.[55]

B. 야웨에게로 돌아오지 않았다 (6–11절)

6-11절에는 거듭 5회나 반복되는 구절이 있다. 즉 "그런데도 너희는 나에게로 돌아오지 않았다. 야웨의 말씀이니라"라는 구절이다. 7가지의 큰 재앙으로 경고를 했지만 이스라엘 백성은 하나님께로 돌아오지 않았다는 것이다. 7가지의 재앙은, 먹을 양식이 없어 굶주리는 것(6절), 비가 내리지 않아 마실 물도 없는 목마름(7-8절), 잎마름병과 깜부기 병(9절), 메뚜기(9절), 전염병(10절), 외적의 침략(10절), 지진(11절) 등이다.

10절에 "내가 이집트에서 한 것처럼"이라는 표현이 혹시 출애굽 때

---

55) J. H. Hayes, *Amos, The Eighth-century Prophet: His Times & His Preaching*, 145.

이집트에 내린 10가지 재앙(출 7-11장)을 가리키는가? 이러한 추측이 가능하기는 하지만 반드시 그렇다고 단정지울 수는 없다. 왜냐하면 당시 전염병은 자주 발생했기 때문이다. 예를 들면 앗수르의 경우 주전 803년, 765년, 759년에 전염병이 창궐했다는 기록을 에포님 리스트에서 찾아 볼 수 있다. 아마도 당시에 이집트에 전염병이 크게 유행한 적이 있어 그러한 기억을 회상시킨 것으로 볼 수도 있다.

전염병에 이어 전쟁의 패배와 참혹한 전투현장에 대한 묘사가 이어지고 있다. 전차부대도 괴멸되고 많은 군인들이 죽었지만 시체도 매장하지 못한 참혹한 전투였다는 것이다. 그래서 시체 썩는 냄새가 코를 진동시켰다는 내용이다. 이 전투는 어느 전쟁을 가리키는가? 아마도 이 당시 시리아가 요단 강 동편을 장악하는 과정에서 이스라엘과 벌인 전투였을 것이라 짐작된다. 결국 이스라엘은 시리아에게 패전하여 요단강 동편을 빼앗길 수밖에 없었다(1:3).

C. 하나님 만나기를 준비하라 (12-13절)

하나님은 기근, 염병, 외적의 침략 등으로 이스라엘이 깨닫고 돌아오도록 노력을 기울였지만 결과는 허사였다. 이제 남은 것은 하나님께서 직접 나서서 이스라엘을 직접 만나시겠다는 것이다. 이스라엘이 만나는 하나님은 창조주이며 심판주이다. 만남을 통해 전혀 새로운 것이 만들어질 가능성도 있지만 '만군의 하나님'으로 불리우는 심판주의 심판이 실시될 수도 있다. 전적으로 만남의 결과로서 일어나는 것이기에 이스라엘의 선택이 중요하다.

3. 장송곡 소리 속에서 들려오는 희망의 소리 | 5:1-17

A. 서론

아모스 5장은 장송곡(弔歌) 소리가 들리는 특이한 심판 예언이기에 여러 학자들에 의해 주목을 받아왔다.[56] 그러나 보다 더 중요한 것은 장송곡 소리 가운데서 나지막하게 들리는 희망의 소리이다. 살 길이 있다는 것이다. 야웨를 찾으면 살 수 있다는 것이다. 선을 구하면 살 수 있다는 것이다. 아직도 희망은 남아 있다는 소리가 여전히 들리고 있다.

왜 죽음이 임박했는지 왜 심판을 받아야 하는지 그 이유를 분명히 알아야 한다. 또한 하나님의 심판이 올바르며 정의롭다는 사실을 인정해야 한다. 동시에, 그럼에도 불구하고, 살 길을 제시해 주시는 하나님의 자비와 은혜의 소리에도 귀를 기울여야 한다. 그리고 결단을 해야 한다. 살 수 있는 길로 걸어가겠다고....

[구조]

A 이스라엘에 대한 애가 (1-3)
　B 권고(야웨를 찾으라) (4-6)
　　C 심판 예언 (7-13)
　B' 권고(선을 찾으라) (14-15)
A' 이스라엘에 대한 애곡 (16-17)

---

56) 왕대일, "아모스가 부르는 조가, 우리가 불러야 할 조가 - 암 5:1-17," 기독교사상 440호 (1995. 8), 242-251; 박종수, "아모스 5:1-17 연구 - 사회, 경제사적인 이해," 구약논단 제5집 (1998), 97-132.

심판예언(7-13절)을 중심으로 교차대구적 구조를 이루고 있음을 발견할 수 있다. 애가로 시작하여 애가로 끝나고 있다. 첫 애가는 애곡의 동기와 내용 자체를 제시한 것이라면, 마지막 애가는 애곡의 이유와 범위에 대해 선포한 것이다.

비록 살롬 폴(Shalom M. Paul)을 비롯한 여러 학자들이 찬양시인 8-9절을 이질적인 것으로 보아 제외시켰다. 본문의 흐름과 연결되지 않아 이차적인 본문으로 보았기 때문에 본문 구조에서 제외시키고 7절에서 바로 10절로 연결시킨 것이다. 그러나 8-9절은 분명히 본문의 핵심적인 내용이다.[57] 심판할 수밖에 없는 죄상이 나열된 내용과 심판의 주이신 하나님을 찬양하는 것은 충분히 조화를 이룰 수 있으며 5장의 핵심적 메시지를 전달하고 있다. 즉 이스라엘을 향한 하나님의 심판은 하나님께서 주도하신 심판이며 정의로운 심판이라는 것이다.

참고로 예레미아스(J. Jeremias)는 7-13절을 세분해서 7, 8-9, 10-13절 등으로 구분하였으며 하나님 찬양 부분(8-9절)을 가장 중심부에 위치시켰다.[58]

C 정의를 굽게 함(7)

D 찬양시 - 생사의 주관자 하나님 찬양(8-9)

C' 정의를 굽게 함(10-13)

---

57) Shalom M. Paul, *Amos: A Commentary on the Book of Amos* (Fortress Press, 1991), 167; James L. Mays, *Amos: Old Testament Library* (Westminster John Knox Press, 1969), 90.

58) J. Jeremias, *The Book of Amos: A Commentary* (Westminster John Knox Press, 1998), 84-85.

이러한 구조 속에서 발견할 수 있는 것은 야웨 하나님께 모든 초점이 맞춰져 있다는 것이다. 핵심적인 부분인 찬양시(8절)를 비롯하여 5장 전체에 계속해서 8회나 '야웨' 이름이 나타난다(3, 4, 6, 8, 14, 15, 16, 17절). 그리고 "만군의 하나님 야웨"라는 명칭도 연속적으 로 세 번 나타난다(14, 15, 16절). 표면적으로는 장송곡 소리로 가득 차 있지만 내면적으로 는 야웨 하나님을 주목하면서 살 수 있는 길이 무엇인지 그 길을 가르쳐 주고 있는 것이다. 야웨 하나님을 찾을 때 살 길이 열린다는 점을 강조하면서 결단하고 살 수 있는 길로 걸어가라고 권고하고 있다.

5장의 구조 가운데 발견할 수 있는 또 다른 요인은, 비록 예언자인지 하나님인지 구별하기 힘든 경우도 있지만, 예언자의 음성과(1-2, 6-9, 14-15절) 하나님의 음성이(3-5, 10-13, 16-17절) 교차되어 나타난다는 것이다. 이러한 구조를 통해 발견할 수 있는 것은 하나님의 말씀과 예언자의 목소리가 어우러지면서 전체가 하나님의 말씀으로 나타난다는 것이다. 즉 예언자는 하나님의 말씀을 대언하며 하나님의 뜻을 진실되게 전달하고 있음을 보여주는 장면이다.

또한 본문은 반복해서 나타나는 단어들로 짜여져 있다. '야웨'라는 단어 뿐 만 아니라 '참으로' 혹은 '왜냐하면'으로 번역되는 히브리어 '키'가 연속해서 다섯 번 나타나며(3, 4, 5, 12, 13절), '그러므로'로 번역되는 '라켄'도 세 번 나타난다(11, 13, 16절). 그리고 '벨엘'도 세 번 나타난다(5-6절).

B. 번역과 해석

1) 이스라엘에 대한 애가 (1-3절)

1 들으라 이스라엘 집이여
내가 너희에게 대하여 애가로 부르는 이 말씀을
2 이스라엘의 처녀가 넘어졌으나 다시 일어나지 못하리라 그 땅에 버
려졌으나 일으킬 사람이 없구나
3 참으로 주 야웨께서 말씀하시기를, 천 명이 나가던 성읍이 백 명만
남게 될 것이고 백 명이 나가던 성읍이 열 명만 남게 될 것이다.

'이스라엘 집'과 '야곱의 집(암 3:13; 9:8)'과 '요셉의 집'(암 5:6, 15)은 어떻게 다른가? 1절과 4절을 참고할 때 '이스라엘 집'은 북왕국 이스라엘 백성을 가리키는 것으로 볼 수밖에 없다. 그리고 '요셉의 집'은 에브라임과 므낫세 지파를 가리키는 것으로 두 지파에 한정 된 지역이나 그 백성들을 가리키는 것으로 볼 수 있다. '야곱의 집'은 보다 더 범위가 넓다. 12지파 전체 혹은 북왕국 이스라엘의 지파 전체를 가리키는 것으로 보여진다.

애가는 슬픈 곡조로 '키나'라 부르는데 3+2 혹은 2+3조로 주로 구성되어 있다. '키나'는 장례식 때 부르는 장송곡 곡조로 5장 전체의 분위기와 메시지를 대표하고 있다(대하 35:25). 키나조의 애가는 다윗이 사울과 요나단의 죽음을 애도할 때 부른 노래에서도 찾아 볼 수 있다(삼하 1:19-27). 한국의 전통적인 장례식을 예로 든다면, 마치 상여 앞에서 사설을 섞어 장례식의 전형적인 곡조로 소리를 메기고 상여를 메고 가는 상여꾼들이 한 목소리로 '어흐야 어흐어야 어흐야'하면서 화창하는 장면을 연상해 볼 수 있다. 아모스가 예언을 선포한 곳은 축제가 열리는 성소일 것으로 짐작되는데, 잔칫날에 장송곡을 부르는데 누가 돌아보지 않겠는가!

2절에, 여러 번역본들이 "처녀 이스라엘"이라 번역하고 있는데 이것

은 명백한 오역이다. "이스라엘의 처녀"로 번역해야 하며 이것은 이스라엘의 수도인 사마리아를 가리킨다(렘 18:13; 31:4, 21). 사마리아나 예루살렘 등 도시는 여성형명사이며 여성 이미지로 등장하는 경우가 많다(겔 16장, 23장). 사마리아가 넘어졌는데 일어날 힘이 없다고 한다. 그러나 죽은 것은 아니다.

하나님의 심판으로 인한 성읍의 몰락을 숫자로 표기하였다. 천명이 출정하던 성읍이 백명 으로 줄고 백명이 열명으로 줄게 된다고 예언하였다. 100%에서 1%로 줄어드는 것은 평범한 일이 아니다. 성읍의 함락이나 멸망이 일어날 때 가능한 이야기다. 이러한 표현은 성읍의 장정들이 대부분 죽게 된다는 것을 나타낸 것이다.

2) 권고-야웨를 찾으라 (4-6절)

4 참으로 야웨께서 이스라엘 집에 말씀하시기를,
나를 찾아라! 그리고 살아라!
5 벧엘을 찾지 말아라. 길갈로도 가지 말아라.
브엘세바로도 지나가지 말아라.
왜냐하면 길갈은 반드시 사로잡히겠고
벧엘은 아무것도 아니게 될 것이기 때문이다.
6 야웨를 찾아라! 그리고 살아라!
그렇지 않으면 요셉의 집에 불같이 임하여 사르시리니
벧엘에서 그 불을 끌 사람이 없으리라.

4-6절에서 발견할 수 있는 가장 중요한 메시지는 엄중한 심판 가운데서도 살 길이 있다는 희망의 메시지다. 하나님의 심판은 그 누구도

막을 수 없는 불길 같다고 하였다. 그리고 하나님의 심판은 '불같이' 임한다고 하였다. 이것은 습격하듯 갑자기 덮쳐오는 심판을 의미 한다. 그러나 하나님을 찾는다면 살 길이 있다고 한다.

4절의 '찾다'로 번역되는 히브리어 '다라쉬'라는 단어는 '찾다' 혹은 '묻다' 혹은 '구하다'로 번역 할 수 있는 단어다. 이 단어는 하나님께 기대를 걸고 하나님께 나아가며 하나님께 간청하고 하나님을 알아간다는 뜻의 단어이다. 후대에는 이 단어가 하나님의 말씀을 연구하고 해석한다는 뜻의 단어로 사용되었다(스 7:10; 사 34:16). 이 단어의 명사형 '미드라쉬'는 '해석' 혹은 '주석'이란 뜻의 단어다.

'살아라'라고 명령을 하는 것은 죽음의 길이 아닌 생명의 길을 택하라는 것이다. 그리고 하나님을 찾을 때 비로소 살 수 있다는 의미이기도 하다. 반복해서 명령하는 이 구절은 4절에도 나타나고 6절과 14절에도 반복해서 나타나 귀에 쟁쟁하게 울리도록 외치는 예언이다. 야웨를 찾지 않으면 죽음의 길, 곧 심판이 불같이 엄하여 멸망당할 수밖에 없다는 것이다. 야웨를 찾는다는 것을 국제정치적으로 살펴보면 친앗수르 정책을 옹호하는 것이요 그것이 이스라엘의 살 길이라 할 수 있다.

왜 중요한 성소에는 가지 말라는 것일까(5절)? 이러한 성소에 가지 말라는 것은 종교적인 이유에서 비롯된 것이 아니었다. 내전을 일으킬 수도 있는 정치적인 이유 때문에 가지 말라 는 것이다. 벧엘은 북왕국 이스라엘의 성전이다. 그리고 길갈은 전통적인 성소이며, 여호수아가 요단강을 건넌 후 할례를 행했던 성소였다(수 5:2-12). 중요한 것은 현재 길갈은 반앗수르 정책을 펴고 있는 베가 세력의 중심지라는 점이다. 특히 아모스의 예언이 선포된 시기는 베가가 자신의 세력을 길갈에서 공식적으로 천명하는 즉위식이 거행되던 주전 750년 가을축제

때로 짐작되는데, 이러한 시기에 길갈을 간다는 것은 반앗수르 정치세력에 동조하는 것으로 볼 수 있는 것이다.[59] 베가는 이스라엘의 왕이 되기 이전에 요단강 동편에서 이미 자신의 세력을 형성하고 주전 750년부터 왕 행세를 하고 있었다.

마지막으로 브엘세바는 유다 남부의 성소이다. 왜 예루살렘이라 하지 않고 브엘세바라고 했는지 이유를 밝힐 필요가 있다. 아마도 브엘세바는 이스라엘을 내전으로 몰아넣을 수 있는 세력의 중심지일 것으로 짐작된다. 즉 또 다른 반앗수르 세력의 중심지라는 것이다. 브엘세바는 유다 지파의 남부 성소로서 에돔과 불레셋 그리고 미유나이트의 영향이 거센 지역이며 반앗수르 세력의 거점이었을 것으로 짐작된다.[60] 그러나 예루살렘은 이사야의 등장으로 점차 친앗수르로 정책 변화가 일어나고 있었으며 아하스의 등극으로 결국 친앗수르 정부로 전환되었다.

5-6절에서 발견하는 특이한 구조는 성소 명칭이 대칭적으로 짜여져 있다는 점이다; 벧엘, 길갈, 브엘세바, 길갈, 벧엘(2회). 이 가운데서도 '벧엘'이 세 번이나 나타난다. 벧엘은 이스라엘 왕국의 중심 성소이며 아모스가 예언을 외친 장소이기도 하다. 70인역에서는 벧엘을 '이스라엘 집'으로 변경해서 '요셉의 집'과 평행을 이루고 있지만 이것은 번역과정에서 문맥에 무리가 없도록 본문을 변경시킨 것으로 보여진다. 이러한 변경은 벧엘을 강조하고자 하는 예언자의 의도를 올바르게 파악하지 못하였기 때문에 일어난 것으로 볼 수 있다. '요셉의 집'은 에

59) J. H. Hayes, *Amos, The Eighth-century Prophet: His Times & His Preaching*, 159.

60) J. H. Hayes, *Amos, The Eighth-century Prophet: His Times & His Preaching*, 159.

브라임과 므낫세 지파를 가리키는 것이며 결국 줄어든 북왕국 이스라엘을 가리키는 것이다.

3) 심판 예언 (7-13절)

7 정의를 쓴 쑥으로 바꾸며 공의를 땅에 던지는 자들아
8 황소자리 별들과 요리온자리 별들을 만드신 분,
깊은 어둠을 아침으로 바꾸신 분, 낮을 밤으로 캄캄하게 하신 분,
바닷물을 불러모아 땅 위에 쏟으시는 분, 그분의 이름은 야웨시니라
9 그분은 강한 자를 갑자기 망하게 하시고 요새도 망하게 하신다.
10 사람들이 성문에서 책망하는 자를 미워하며 정직히 말하는 자를
싫어하는도다.
11 너희가 가난한 자에게 무거운 세금을 부과하고
그에게서 곡식으로 세금을 거두었은즉
너희가 다듬은 돌로 집을 건축하였으나 거기 거주하지 못할 것이요
아름다운 포도원을 가꾸었으나 그 포도주를 마시지 못하리라
12 참으로 너희의 허물이 많고 죄악이 엄청남을 내가 알고 있다.
너희는 의인을 압제하며, 뇌물을 받고 성문에서 가난한 자를 억울하
게 하였다.
13 그러므로 지혜자는 이런 때에 잠잠할 것이다.
왜냐하면 악한 때이기 때문이다.

이스라엘을 심판할 수밖에 없는 이유를 드는데, 7절에는 요약을 하고 있고 10-12절에는 구체적인 악행을 들춰내고 있다. 그리고 심판의 주인이 하나님임과 심판이 정의로운 심판임을 8-9절의 찬양시를 통해

선포하였다.

7절은 교차대구적 형식으로 ABCC'B'A'의 구조를 보이고 있다. 이 경우 강조되는 것은 중앙 의 CC' 부분으로 '정의, 공의'이다. 정의와 공의를 뒤엎어 버리는 행동이 바로 이스라엘의 잘 못이라고 질책한 것이다. 이러한 잘못을 바로 잡는 행동은 14-15절에 나타나며 24절에도 나타나는데 '정의를 물같이 공의를 강같이 흐르게 하는' 행동이다.

정의를 쓴 쑥으로 바꾸었다고 하였다. 맛을 표현하는 감각언어를 사용하여 부정과 불의를 느끼게 해 주었다. 구약에는 쓴 맛을 아주 부정적으로 사용하고 있다. 먹지 못할 물을 '쓴 물'이라 하고, 비참한 인생의 맛을 맛본 나오미는 자신의 이름 '쓰다'라는 뜻의 '마라'라 부르라고 하였다. 바꾸어 말하면 정의는 단 맛일까? 행복을 느끼게 해주는 맛일까? 의미를 전달할 때 맛을 느끼게 해주는 것은 아주 강력한 전달방식이다. 예언자들은 감각언어를 사용하여 직접 피부로 느끼게 해주는 전달방식을 아주 효과적으로 사용하곤 하였다.

그러면 우리는 부정과 불의를 어떠한 맛으로 표현하는가? 우리에게는 '쓰다'라는 맛이 그 렇게 부정적으로 사용되지 않는다. 맛은 쓰지만 몸에는 좋은 익모초같은 양약도 있다. 한약 을 마셔보면 대부분 쓴 맛을 많이 느낄 수 있지만 건강을 증진시키고 병을 치료하는 양약이 다. 오히려 우리는 부정과 불의를 보면 "더럽다! 더러워! 퉤, 퉤, 구역질 난다" 이렇게 표현 하지 않는가? 성경을 번역할 때 우리의 언어뿐 만 아니라 우리의 정서와 감각에 맞추어 번역하는 것도 또 다른 번역의 과제이다.

8-9절은 찬양시로서 5장의 흐름에는 잘 맞지 않는 듯 보인다. 그러나 이 찬양시야말로 5 장의 핵심이다. 왜냐하면 심판의 하나님을 찬양하기 때문이다. 5장이 하나님의 심판예언인데 심판의 주인을 분명히

드러낸 것이며 그 심판은 정의롭다는 것을 보여준 찬양시기 때문이다. 또한 이 부분을 영광송으로도 볼 수 있는데 아모스에는 영광송이 세 번 나타난다(암 4:13; 5:8-9; 9:5-6).[61]

묘성(Pleiades)은 황소자리의 산개 성단이며 삼성(Orion)은 오리온 자리의 별을 가리킨다. 하늘의 아름답고 빛나는 별들을 만드신 하나님을 찬양하는 내용이다. 또한 '깊은 어둠(찰마웨트)'은 '죽음의 그늘'(시 23:4)로도 번역되는 칠흙같은 어둠을 가리킨다. 이러한 어둠이라도 태양이 떠오르는 아침으로 바꿀 수 있는 분, 창조주 하나님을 찬양하고 있다. 낮을 밤으로 바꾸신다는 것과 바닷물을 땅 위에 쏟는 홍수를 일으키시는 분이라는 내용은 심판의 하나님을 찬양하는 내용이다. 절망을 희망으로 만드실 뿐 만 아니라 심판의 하나님을 찬양한다는 것은 하나님께서 하시는 모든 일을 전부 찬양한다는 것이다. 강한 자도 튼튼한 요새도 하나님의 심판이 임할 때는 모두 부수어질 수 밖에 없다. 하나님의 심판을 막을 수 있는 것은 아무것도 없다.

10-13절에서 누가 말하고 있는지 화자를 명확하게 알 수가 없다. 12절을 볼 때 화자가 하나님으로 추측되지만 분명하지 않다. 이러한 현상은 예언에서 흔히 나타나는 것으로 화자 가 예언자일지라도 실제 화자는 하나님으로 추측되는 경우가 허다하다. 즉 예언자의 말은 하나님이 부여해주신 말이기에 하나님의 말씀으로 인정되는 것이다.

10-13절에는 7절에서 책망한 악행의 구체적 내용이 열거되어 있다. 성문은 많은 사람들이 출입하는 곳이면서 동시에 도성 안의 사람들이 모일 수 있는 곳이다. 물건이 매매되는 시장의 기능도 있고 협상장

---

61) 김태훈, 사자의 부르짖음: 예언자 아모스의 선포와 삶 (한국성서학연구소, 2012), 154.

소이기도 하다(창 34:20). 특히 지도자들인 장로들이 모이는 곳이다(욥 29:7; 시 69:12). 따라서 성문에서 중요한 일들이 결정되며 잘잘못을 가리는 재판도 진행된다(10, 12, 15절). 그런데 성문에서 진실이 외면당하고(10절), 성문에서 억울한 재판이 진행되고 있다(12절). 따라서 성문에서 정의가 바로 세워져야 희망이 있다(15절). 한 가지 주의할 점은 '성문에서'라는 단어가 나오면 모두 재판정이라고 이해하는 것은 곤란하다. 성문은 성읍을 대표하는 곳이기에 성읍전체의 일들을 가리킬 경우도 있다.

11절의 히브리어 '보샤스캠'은 구약에서 여기에만 나타나는 단어로 아카디아어를 참고할 때 "너희가 무거운 세금을 부과하다"로 번역하는 것이 적합하다.[62] 그런데 왜 곡식으로 세금을 거두는 것에 특별히 주목을 했을까? 당시 농촌에서는 큰 변화가 일어났다. 도시의 권력가와 부자들이 농촌, 특히 구릉지를 상품성이 높은 대단위 포도원으로 바꾸면서 곡물을 생산할 토지가 줄어들었다. 농부들은 토지가 줄어들면서 곡식농사를 할 수 있는 땅이 많이 부족하였으며 상시로 식량난에 허덕였다. 그런데 세금을 곡식으로 거둔다면 농민들의 식량은 더욱 줄어들고 굶을 수밖에 없었던 것이다. 더욱이 시장에서 곡식을 구매해서 세금으로 바쳐야 하는 사람들의 경우는 부자들과 상인들의 횡포를 고스란히 당할 수밖에 없었다.

12절의 히브리어 '차라르'는 폭력을 행사하거나 압제하는 행위를 가리킨다. 그리고 13절의 지혜자는 왜 잠잠하는가? 왜냐하면 목소리를 높여서 좋을 것이 없는 때이기 때문이다. 예를 들어 내전이 일어난다면

---

62) J. H. Hayes, *Amos, The Eighth-century Prophet: His Times & His Preaching*, 164; H. W. Wolff, *Joel and Amos*, 247.

어느 편을 들든 좋을 것이 없는 것이다. 오히려 조용히 기다리는 편이 현명하고 또 사태에 도움이 된다고 판단했기 때문이다.

4) 권고-선을 찾으라(14-15절)

14 너희는 살기위해서 선을 구하고 악을 구하지 말아라.
만군의 하나님 야웨께서 너희의 말과 같이 너희와 함께 하실것이다
15 너희는 악을 미워하고 선을 사랑하라. 성문에서 정의를 세워라.
만군의 하나님 야웨께서 혹시 요셉의 남은 자를 불쌍히 여기시리라

14-15절은 또 다른 희망의 메시지이다. 핵심은 '살기위한' 행동을 하라는 것이다. 그 길은 선을 추구하는 것이다. 이러한 권고는 4절과 6절에 "야웨를 구하라! 살아라!"라는 외침 과 같은 내용이다. 하나님을 구하는 것이 바로 선을 구하는 것이라는 것임을 설명한 것이다.

'선'이라 번역한 '토브'라는 단어는 도덕적인 착한 행동만을 가리키는 것이 아니다. 올바른 행동, 정의로운 행동(15절), 공동체를 살리는 행동 등이 모두 포함된 개념이다. 한마디로 하나님께서 원하시는 행동을 하는 것이야말로 생명의 길을 걷는 것임을 강조한 것이다. 이 일을 위해 임마누엘의 하나님, 즉 하나님께서 우리와 함께 하셔서 격려하시고 용기를 북돋워주실 것임을 또한 강조하였다.

성문에서 정의를 세워라는 것은 의로운 재판을 하고 억울한 재판을 하지 말라는 것으로 보통 해석하고 또 번역하고 있다(표준새번역). 동시에 재판 뿐 만 아니라 성읍 전체의 일에 대해서도 정의가 살아있어야 한다는 말이기도 하다. 왜냐하면 '성문'이란 '성읍'을 대표하는 단어이기 때문이다.

마지막으로, 이러한 선한 행동으로 인해 하나님의 자애로운 마음이 움직여질 수도 있다는 희망을 예언자는 귀뜸해주고 있다. 사실 이제까지의 행동을 살펴볼 때 이스라엘은 형벌 받을 수밖에 없고, 멸망당할 수밖에 없지만 이제부터라도 선한 행동을 할 때 희망의 빛이 비춰질 수도 있다는 것이다. 혹시라도 하나님께서 마음을 돌이키사 이스라엘을 불쌍히 여겨 주실 수도 있다는 것이다. 중요한 것은 감정적인 눈물의 회개를 넘어서서 행동의 회개를 강 조하고 있다는 점이다. 무엇이 하나님께 호소력이 있는지를 분명히 제시해 주고 있다.

여기에서 핵심적인 단어는 히브리어 '하난'이다. '하난'은 '하나님의 자비로운 은혜'를 나타내는 단어로서 제사장의 축도에도 포함되어 있다(민 26:5). 또한 외적의 침략이나 경제적 혹은 사회적 곤경에서 구해주시는 하나님의 은혜, 혹은 죄에서 구해주시는 하나님의 은혜 등을 표현하는 단어이기도 하다. 하나님의 자비로운 은혜를 기대하면서 오늘의 나의 발걸음을 정의롭게 걸어가는 것이야말로 진정한 회개라는 것이다.

14절에 비해 15절에 나타나는 특이한 점은 '구하라(추구하라)'라는 단어를 '사랑하라'라는 단어로 대체한 것이며, 선과 악의 순서를 악과 선으로 바꾼 것이다. 실제로 행동으로 옮길 때 보다 더 구체적으로 어떻게 해야 하는지를 가르쳐 주고 있는 것이다. 즉 앞에서는 선이 중요하기에 선을 강조했다면, 실제로 해동할 때는 악을 미워하고 악행을 중단하는 것이 순서상 먼저 해야 할 일이다.

그런데 "요셉의 남은 자"(15절)는 누구를 가리키는가? 이스라엘의 영토 가운데 많은 부분 이 이미 잠식당했다. 시리아, 불레셋, 두로, 암몬 등이 요단강 동편, 갈릴리, 해변 가 영토 등 을 탈취해 간 것이다(암 1:3, 6, 9, 13). 요셉의 집은 에브라임과 므낫세 지파를 가리칸다.

축소된 이스라엘에서 지금 겨우 살아남은 이스라엘 왕국의 백성들을 가리킨다고 볼 수 있다.

15절에서 희망을 말하면서 '혹시'라는 단어를 사용하였다. 이 단어가 중요하다. 하나님의 은혜는 기계적이거나 자동적이 아니다. 하나님의 주권적인 판단에 의해 주어지는 것이며 그 판단은 전적으로 하나님의 고유한 권한임을 강조한 것이다. 결코 그 어떤 존재도 하나님을 조종하거나 하나님의 자유로운 결정을 방해할 수 없다.

5) 이스라엘에 대한 애곡 (16-17절)

16 그러므로 주 만군의 하나님 야웨께서 이와 같이 말씀하시기를,
사람이 모든 광장에서 애곡하겠고, 모든 거리에서 '아이고! 아이고!'하며 울 것이다.
사람들은 농부를 불러다가 애곡하게 하며, 울음꾼을 불러다가 곡하게 할 것이다.
17 그리고 모든 포도원에서도 애곡할것이다.
왜냐하면 내가 너희 가운데로 지나갈 것이기 때문이다. 야웨의 말씀이라

하나님께서 임하시며 하나님께서 지나가시는 것이 축복일 경우도 있지만 이 경우는 심판임을 알 수 있다. 16-17절은 본 예언의 마지막 결론 부분인데 철저한 심판이 강조되어 있다. 또한 아모스는 이스라엘 집에 아직도 희망이 있다고 말하면서(4절), 요셉의 집의 남은 자들에 게 희망이 있다고(15절) 강조하였다. 그러나 참담한 일들이 일어난다는 것은 피할 수 없는 것임을 다시 한 번 강조하면서 애통해 하고

있다(16-17절). 이러한 심판은 도시 뿐 만 아니라 시골 포도원에서도 일어나는 광범위한 상황이다. 일반적으로 장례에는 울음꾼을 불러다가 곡을 하게 하는데(렘 9:17-18), 너무도 많은 사람들이 죽기 때문에 일반 농부라도 불러서 곡을 하게 해야 하는 상황이 될 것이다. 그런데 누가 이러한 재앙을 내릴 것인가? 바로 야웨 하나님이시다. 그 분이 지나가실 때 심판이 임할 것이다.

그런데 농촌에서는 '포도원'만 이야기하고 있다. 일반적으로 포도원은 부자나 권력자들의 소유이다. 따라서 포도원에서 애곡한다는 것은 권력자들이나 부자들에게 심판이 임한다는 뜻이다. 5장의 심판예언은 권력자와 부자들의 횡포를 특히 주목하면서 그들에게 심판이 집중되고 있음을 보여주고 있다.

하나님의 음성이 울려퍼지는 16-17절은 애가이며 1-3절과 같이 1-17절 전체를 아우르는 부분이다. 애가로 시작하여 애가로 끝나는 예언이다. 16-17절에 세 번이나 반복되는 핵심 단어는 히브리어 '미스패드'인데 애곡의식을 가리키는 단어다.

C. 결론 및 메시지

1) 하나님의 심판은 막을 수 없고 그 심판은 정의롭다.

장송곡 소리로 휘감겨 있는 5장에 갑자기 찬양의 소리가 울려퍼진다. 8-9절에, 천지를 창조하신 창조주 하나님을 찬양하며 심판하시는 심판주 하나님도 찬양하고 있는 찬양의 소리가 들려온다. 이 찬양에서 강조하는 것은 심판주 하나님이 바로 만물이 찬양하는 창조주 하나님이며 하나님의 심판은 엄중하며 정의롭다는 것이다.

복을 주시는 하나님을 찬양하는 찬양시는 많지만 심판하시는 하나님을 찬양하는 찬양시는 드물다. 그리고 내가, 혹은 우리 공동체가 심판을 당하는 경우에는 더더욱 이러한 찬양을 부르기가 쉽지 않다.

그러나 분명히 알아야 할 것은 복을 주시는 분도 하나님이요 심판하시는 분도 하나님이며 하나님은 언제나 찬양받으실 분이라는 사실이다. 그리고 하나님의 심판은 정의롭다는 것이 다. "범사에 감사하라"는 말씀과 같이 하나님께서 우리에게 행하신 모든 일은 찬양받아 마땅하다. "호흡이 있는 자마다 야웨를 찬양하라! 할렐루야"(시 150:6)와 같은 이러한 찬양이 우리에게 필요하다.

2) 야웨를 찾으라! 그리고 살아라!

본문은 장송곡같아 보이지만 초점은 야웨께 맞춰져 있으며 야웨를 찾으면 죽지 않고 살 수 있다고 가르친다. 하나님의 심판이 임박하고 막을 수는 없지만 그래도 살 길이 있다는 것이다. "야웨를 찾으라! 그리고 살아라!"(6절)라는 거듭된 외침 속에 반드시 살아야 한다는 예언자와 하나님의 바램이 녹아있다.

세례요한이 "이미 도끼가 나무 뿌리에 놓였으니..."(마 3:1)라고 외치는 긴박한 음성과 같이 아모스도 신속한 결단을 요청하고 있는 것이다. 죽음의 길과 생명의 길을 구분하여 선택하는 것도 중요하지만 신속하게 결단하여 시기를 놓치지 않는 것도 중요하다. 살 길이 있는데 왜 머뭇거리는가! 살 길이 있는데 왜 죽음의 길로 걸어가는가! 당장 악행을 중단하고 살 수 있는 방향으로 발걸음을 옮겨야 한다. 그것은 곧 정의를 실천하고 정의로운 행동을 하는 것이다.

3) 행동으로 회개할 때

우리는 회개라면 눈물을 흘리며 뉘우치고 기도를 통해 통회자복하는 것으로 알고 있다. 물론 이러한 회개가 중요하다. 그러나 이것은 회개의 첫걸음이다. 예언자는 행동을 통한 회개를 강조하고 있다. 무엇이 하나님의 마음에 호소력이 있는지를 알려주고 있는 것이다.

'회개하다'로 번역되는 단어인 '슈브'는 걸어가는 방향이 잘못되었음을 알고 다른 방향으로 돌리는 행동을 가리키는 단어이다. 즉 행동이 포함된 것이 바로 '회개'인 것이다. 이러한 회개 개념을 잘 해석해 준 전설적인 해석이 있다. 우리는 성경을 통해 니느웨 사람들이 베옷을 입고 금식하며 회개할 때 하나님께서 마음을 돌이키시고 살려주시려 했다는 사실을 알고 있다. 그런데 이 전설에서는 이 사건을 다음과 같이 해석하고 있다.

> 니느웨 백성의 회개는 금식과 기도에서 그치는 것이 아니었다. 그들은 행동으로 그들이 더 나은 삶을 영위할 결심을 했다는 것을 보여 주었다. 남의 재물을 강탈한 자는 자신의 범죄에 대해 충분한 보상을 하려고 했는데, 어떤 이들은 정당한 소유자에게 단 한 장의 벽돌을 돌려주기 위해서 그들의 큰 저택을 허물어뜨리기까지 했고, 어떤 이들은 자발적으로 법정에 나와서 자기 외에는 아무도 모르는 은밀한 범죄와 죄악들을 자백하면서 비록 사형에 처해진다고 해도 합당한 처벌을 받을 각오가 되어 있다고 말했다.
>
> 이 때에 일어난 한 가지 사건은 니느웨 백성의 통회함이 어떤 것이었는지를 잘 예시해 준다. 어떤 사람이 이웃에게서 취득한

건물 부지에서 보물을 발견하였다. 판 자와 산 자 둘 다 그 보물을 갖기를 거부하였다. 판 자는 부지를 팔 때 거기에 포함된 모든 것을 이미 다 판 것이라고 주장하였고, 산 자는 자기는 땅을 산 것이지 거기에 숨겨진 보물을 산 것이 아니라고 주장하였다. 재판관이 누가 그 보물을 숨겼고 누가 그 사람의 상속자들이라는 것을 밝혀낼 때까지 산 자나 판 자나 다 만족하지를 못하다가, 그들이 보물을 그 정당한 소유자들에게 넘겨 줄 수 있게 되자 두 사람의 기쁨은 대단히 컸다.[63]

진정한 경건과 회개의 모습을 하나님께서는 다음과 같이 말씀하셨다; "내가 기뻐하는 금식은 흉악의 결박을 풀어주며 멍에의 줄을 끌러주며 압제당하는 자를 자유하게 하며 모든 멍에를 꺾는 것이 아니겠느냐..."(사 58:6).

4. 어두운 야웨의 날 | 5:18-27

[구조]

A. 어두운 야웨의 날 18-20
B. 제사보다 정의를 21-24
C. 추방되는 이스라엘 백성 25-27

63) Louis Ginzberg, 성경에 관한 전설들, 박문재 역 (크리스챤다이제스트, 2007), 876-877.

A. 어두운 야웨의 날 (18-20절)

18 아! 야웨의 날을 기다리는 자여! 너희에게 그 날이 무엇이냐? 야웨
의 날은 어둠이요 빛이 아니다.
19 마치 사람이 사자를 피하다가 곰을 마주치거나, 혹은 집에 들어
가서 손을 벽에 대었다가 뱀이 그를 무는 것과 같을 것이다.
20 야웨의 날은 빛이 아니고 어둠이 아니냐? 그 안에 광채가 없고 캄
캄하지 않느냐?

전통적으로 야웨의 날은 승리의 날이요, 기쁨의 날로 알려져 있었다. 그러나 아모스는 야웨의 날이 캄캄한 어둠의 날이요 재앙의 날임을 선포하였다. 마치 이리도 피하지 못하고 저리도 피하지 못하는 막다른 골목에서 재앙이 덮쳐오듯 야웨의 날은 절망과 통곡의 날로 다가오리라는 것이다.

B. 제사보다 정의를 (21-24절)

21 내가 너희 절기들을 미워하고 경멸하며 너희 성회들을 기뻐하지
않는다.
22 너희가 내게 번제나 소제를 드릴지라도 내가 받지 아니할 것이요,
너희의 살진 희생의 화목제도 내가 바라보지도 아니하리라
23 네 요란한 노랫소리를 내 앞에서 그치라. 네 비파 소리도 내가 듣
지 않을 것이다.
24 오직 정의를 물 같이 흐르게 하고, 공의를 마르지 않는 강 같이
흐르게 하라.

예언자들이 제의를 비평할 때 제의를 전면적으로 부정하고 비판하는 것처럼 보인다. 그러나 예언자가 감사제사인 번제, 소제, 화목제 등을 비판하는 것이지 죄 문제를 해결하는 속죄제나 속건제를 비판하는 것이 아니다. 이러한 비판 양상은 이사야 1장 11-15절에서도 찾아 볼 수 있다.[64]

감사제사인 번제, 소제, 화목제 등을 비판하는 이유는, 죄가 있는데도 회개하고 용서를 구하는 속죄제나 속건제를 드리지 않고 감사제사만 드리고 있기 때문이다. 죄 문제를 대수롭지 않게 여기는 동안 하나님이 죄로 인해 고통 받고 있기에 기쁜 마음으로 감사제사를 받으실 수 없는 것이다.[65] 제사(예배)를 드릴 때는 성대한 제사일수록 빛이 나는 것 같다. 그러나 아무리 정성을 기울여 준비하고, 아무리 많은 사람이 모여서 풍성하게 제사를 드린다 해도 죄 문제를 먼저 해결하지 않는다면 아무 소용이 없는 것이다. 가장 중요한 것은 죄악 된 행동을 중지하고 정의와 공의를 실천하는 것이다. 그것도 일시적인 행사가 아니라 항상 흐르는 강처럼 지속적으로 실시해야 하는 것이다.

C. 추방되는 이스라엘 백성 (25–27절)

25 이스라엘 족속아 너희가 사십 년 동안 광야에서 화목제와 소제를
내게 드렸느냐?
26 너희가 너희 왕 식굿과 너희의 형상들인 기윤과 너희가 너희를 위
하여 만든 신들인 별을 지고 가리라

---

64) 정중호, 이사야 1-23 (프리칭아카데미, 2009), 58-59.

65) 정중호, 레위기: 만남과 나눔의 장 (한들, 1999), 90-91.

27 내가 너희를 다메섹 너머로 사로잡혀 가게 할 것이다. 그의 이름 만군의 하나님 야웨께서 말씀하셨다.

24절에 '흐르게 하다'라는 뜻의 '갈랄'은 27절의 '사로잡혀 가게하다'라는 뜻의 '갈라'와 대조되어 있다. 일종의 언어유희라 할 수 있다. 정의를 지속적으로 실시하지 않으면(갈랄), 백성이 타국으로 포로로 잡혀갈 것이라(갈라)는 메시지를 언어유희를 통해 부각시킨 것이다. 그리고 25절의 '제바흐'는 '제사'로 번역하기도 하지만 '제바흐 셜라밈'의 준말로 보아 '화목제'로도 번역할 수 있다. 이 문맥에서는 22절과 연결해 볼 때 제사 전체를 가리키기보다 대표적인 감사제사인 화목제와 소제를 나열한 것으로 번역하는 것이 적합하다.

25절에는 광야의 예를 들면서 농사도 짓지 않는 상황에서 곡식제사인 소제를 드리기 힘들었고, 짐승을 드리는 화목제도 드리기 힘들었던 시절을 상기시켰다. 그럼에도 불구하고 하나님은 제사가 적음을 탓하지 않으시고 자기백성을 눈동자처럼 보호하시며 인도하신 사실을 강조하였다.

또한 우상이며 사람이 만든 형상들인 식굿과 기윤과 별신들을 이스라엘 백성이 지고 갈 것이라 예언하였다. 수호신이라면 당연히 자신을 섬기는 백성을 보호할 수 있는 능력이 있어야 하는데 사람이 만든 형상이기에 그러한 힘은 없는 것이다. 오히려 손으로 만든 우상을 짊어지고 가야하기에 추방되어 가는 어려운 상황에 짐을 더하는 우스운 꼴이 될 것이라는 예언이다.[66] 다메섹 너머로 추방된다는 것은 앗수르

66) 참조; "벨은 엎드러졌고 느보는 구부러졌도다. 그들의 우상들은 짐승과 가축 위에 실려있구나. 너희가 운반하는 이러한 것들이 지친 짐승에게 짐으로 실려 있구나. 그들이 함께 구부러지고 엎드려졌구나. 그들은 짐을 구해내지 못하였으며 그들 자신들

제국에 의해 멸망당한다는 예언인데, 아모스의 예언이 있은 후 28년 후인 주전 722년에 이스라엘이 앗수르 제국에 의해 멸망당해 버렸다.

5. 시온과 사마리아를 향한 심판 예언 | 6:1-14

[구조]

A. 이스라엘 지도층의 방종과 파멸	1-7
B. 야웨의 이름을 부르지 못하리라	8-11
C. 정의의 열매를 쓴 쑥으로 바꾸었구나	12-14

[번역과 해석]

A. 이스라엘 지도층의 방종과 파멸 1-7

1-7절은 예언자의 음성이다. 분사형이 1-6절을 주도하고 있으며 청중들을 포함한 이스라엘 사람들이 어떠한 잘못을 저지르고 있는 사람들인지를 들춰내고 있다. 야웨의 말씀이라는 형식으로 심판을 선포하는데, 적군의 침략을 심판예언으로 선포하고 있다(8, 14절). 그리고 하나님의 심판의 결과를 9-11절에서 예언하고 있다. 그리고 야웨의 음

이 사로 잡혀 가버렸구나." (사 46:1-2). 정중호, 이사야 II (대한기독교서회, 2003), 153-154.

성(12-14절)이 이어진다.

1 아! 시온에서 안일한 자와 사마리아 산에서 마음놓고 있는자, 그리
고 나라들 중에 제일가는 나라의 지도자들 곧 이스라엘 집이 따르는
자들이여
2 너희는 갈레로 건너가 보고, 거기에서 큰 하맛으로 가고,
또 블레셋 사람의 가드로 내려가라.
너희가 이 나라들보다 나으냐? 그 영토가 너희 영토보다 넓으냐?
3 재앙의 날이 멀다고 여기고 폭행의 권좌를 가까이 하는 자들
4 상아 침대에 누우며 안락의자에서 기지개를 켜며
양 떼에서 어린 양과 우리에서 송아지를 잡아서 먹는 자들
5 비파 소리에 맞추어 노래를 지절거리며 다윗처럼 자기를 위하여 악
기를 제조하는 자들
6 대접으로 포도주를 마시며 귀한 기름을 몸에 바르는 자들,
그리고 요셉의 파멸에 대하여는 고통을 느끼지 않는구나
7 그러므로 그들이 이제는 사로잡히는 자 중에 앞서 사로잡히리니
기지개 켜는 자의 연회가 그치리라

아모스는 이스라엘 사람들에게 예언하면서 왜 시온을 먼저 이야기 할까? 우선 수사적인 기교를 주목할 필요가 있다. 청중들을 향해 처음부터 비판의 직격탄을 날리는 것보다, 제3자를 향해 바판의 화살을 먼저 날리고 그다음 청중을 향해 비판하는 것은 청중의 주목을 끌어내기 위한 수사적인 기교로 볼 수 있다(사 1:2). 또 다른 이유를 찾아보면, 당시 유다가 이스라엘의 속국과 같은 위치에 있었기 때문에, 유다와 이스라엘을 하나의 나라처럼, 혹은 큰 집과 작은 집처럼 알고 있

었기 때문에 시온(예루살렘)을 사마리아와 함께 비판한다는 것이 크게 부자연스러운 것은 아니라는 점이다.

갈레는 갈로(사 10:9) 혹은 쿨라니(앗수르 문헌) 등으로 알려진 성읍으로 북시리아 웅키 지역의 도시다. 하맛은 오론테스 강 유역에 있었던 도시였으며 친앗수르 정책을 취했다. 가드는 이스라엘과같이 친앗수르 정책을 취하였다. 이 세 도시들의 공통점은 이스라엘과 같이 친앗수르 정책을 취했다는 점이다. 또 다른 공통점은 반앗수르 연합전선에 의해 압도당해 굴복하였다는 점이다. 이러한 내용은 고고학 조사에 의해서도 밝혀졌는데, 갈레, 하맛, 가드 등이 주전 9세기 말 시리아의 하시엘이 공격하여 파괴된 성읍들로 밝혀졌다(왕하 12:18).[67] "나라들 중에 제일가는 나라의 지도자들 곧 이스라엘 집이 따르는 자들"(1절)은 어느 나라를 가리키는가? 이스라엘이 의지하는 강대국은 앗수르다. 이스라엘은 예후왕조가 시작될 때부터 친앗수르 정책을 펼쳤으며 이러한 정책은 므나헴과 브가히야까지 계속이어졌다(주전 839-735년). 아마도 이스라엘의 큰 절기에 참석한 앗수르의 대신들을 가리키는 것으로 짐작된다.

3절은 어떤 사람들을 가리키는가? 3절에서 시작되는 '그들'이 누구인지 살펴보자. '그들'의 의식에는 심판과 재앙은 자기들과는 상관없는 번 이야기였다. 따라서 현재의 폭행이 난무하는 정권을 가까이 하고 있었다. 그리고 폭행의 결과가 어떻게 된다는 것에 대해서는 별로 심각하게 생각하지 않았다. 나라가 위태로우면 앗수르가 도와주겠지 하는 안일한 생각만 하고 있었던 것이다. 4-6절에 묘사된 사치와 방

---

67) Aren M. Maeir, "The Historical Background and Dating of Amos VI 2: An Archaeological Perspective from Tell es-SaFī/Gath," *VT* 54 3 (Jul., 2004), 319-334.

종으로 인해 결국 나라가 멸망당하고 포로로 끌려가게 될 것이라 예언자는 소리높여 외쳤다(7절).

3-6절에서 비판하고 있는 것은 불법적인 범죄라서 비판하는 것이 아니라 도덕적인 기준에 의해서 비판하고 있는 것이다. 부자이며 권력을 가진 사람들이 자신의 집과 가구들을 화려하게 꾸미고, 성대한 연회를 베풀며 과도하게 술을 마시고 비싼 수입품 향유로 사치를 즐기는 동안, 가난한 사람들은 굶주림과 학대에 지쳐 희망을 잃어가고 있었던 것이다. 이들을 묘사하는 핵심적인 단어가 반복되어 나타나는데 סרוחים(스루힘), 즉 '기지개켜는'이라는 단어다(4, 7절). 안락의자에 기대어 기지개를 켜는 자들이란 안일하고 방종한 부자를 묘사한 것이다.

6절의 '요셉의 파멸'이란 무엇을 가리키는가? 현재 이스라엘은 시리아와 반앗수르 동맹군의 침략으로 많은 영토를 잃어버렸으며 앞으로는 베가의 득세로 인해 내전 상황이 벌어질 조짐이 보이고 있었다. 내전으로 인해 나라가 갈갈이 찢어지는 상황을 '요셉의 파멸(부숴짐)'이라 묘사한 것이다. 예언자는 먼 장래에 대해 예언한다기 보다 가까운 장래에 대해 예언하는 경우가 대부분이기에, '요셉의 파멸'을 주전 722년의 이스라엘 멸망 사건과 관련시키는 것은 무리한 추측이다.

7절에는 4-6절에 묘사된 비도덕적 행동을 한 자들에 대한 심판이 선포되어 있다. 사치와 방종으로 치닫던 권력자들이 먼저 사로잡혀가고 그들이 즐기던 연회는 끝이 나버린다는 것이다.

7절의 מרזח(마르제아흐)는 예레미야 16장 5-9절에 다시 나타나는 단어다. 예레미야를 보면 장례식과 관련된 의식인데 우상숭배로 보기는 어렵다. 중요한 것은 이 모임이 상류층의 제의적 연회라 할 수 있다는 것이다. 즉 죽은 자에 대한 추모 잔치인데 결국 상류층의 결속을 다지고 자기들 만의 그룹을 형성하고 강화시키는 모임이다. 그리고 과도하게 술을 마시는 방종한 연회로 알려져 있다.

1-7절에서 강조하는 것은 사마리아의 지도자들이 사치와 방종으로 정신을 차리지 못하고 있다는 점이다. 그런데 그것보다 더 강조하고 있는 것은 심판이 임박했는데 감지하지 못하고 안일함에 젖어있는 '무감각'이었다. 자신들의 악행과 죄에 대해 심각히 여기지도 않았기 때문에 심판에 대한 감각이 무디어져 있었던 것이다. 요단강 동편에서 베가가 이끄는 세력으로 인해 내전이 일어날 것이라는 것도 크게 염려하지 않는 태도였다. 그러나 주전 735년 베가는 쿠데타를 일으켜 이스라엘 왕위를 탈취해버렸다. 그리고 시리아가 덮쳐오는 것도 눈여겨 보지 않았다. 시리아는 계속 이스라엘을 위협했고 영토를 잠식하였다. 아마도 이스라엘 지도자들은 앗수르가 자신들을 충분히 방어해줄 수 있으리라 확신하고 있었던 같다. 그러나 앗수르는 멀었고 시리아와 베가의 세력은 발등의 불이었다. 아모스는 이러한 상황을 하나님의 심판으로 이해하고 경종을 울린 것이었다.

B. 야웨의 이름을 부르지 못하리라 (8–10절)

8 주 야웨께서 스스로 맹세하셨도다. 만군의 하나님 야웨의 말씀이라.
내가 야곱의 영광을 싫어하고 그 궁궐들을 미워하며, 이 성읍과 거기
에 가득한 것을 넘겨버리리라.
9 한 집에 열 사람이 남는다 하여도 다 죽을 것이라
10 그리고 그의 친척 곧 시체를 불사르는 자가 그 뼈를 들고 집 밖으
로 가져갈 것이다. 그리고 그 집 깊숙한 곳에 있는 자에게 아직 너와
함께 한 자가 있느냐 하고 물으면 그 때 대답하기를 없다 할 것이다.
그가 또 말하기를 잠잠하라 우리가 야웨의 이름을 부르지 못할 것이

라 하리라.

하나님께서 맹세하시는 모습은 아모스에 세 번 나타난다(아 4:2; 6:8; 8:7).

하나님의 감정이 나타나는 '싫어하다'와 '미워하다' 등의 용어가 나타나는데 이러한 용어는 강력한 반감을 표시하는 단어들이다. "야곱의 영광"이란 이스라엘의 수도인 사마리아를 가리킨다. 왜냐하면 그곳은 궁궐도 있는 성읍이었기 때문이다(1절).

9절의 상황은 모호하다. 그러나 분명한 것은 10명이 한 집에 모여있는 경우는 일반 가정집이라기 보다 궁궐이나 공공건물일 가능성이 높다. 8절을 보면 이미 성이 함락될 상황이고 이 집은 아마도 군인들이 마지막으로 숨어있는 곳일 것으로 짐작된다. 그러나 결국에는 그들이 죽게된다. 굶주리든 혹은 병으로든 혹은 적에게 발각되어 살해되든 모두 죽게 되어 있었다.

그리고 10절의 상황은 모두 죽었을 때 장례를 치르는 장면이라 할 수 있다. 10절을 번역할 대 주의해야 할 단어는 דוד(도드)라는 단어다. 여러 번역본에서 이 단어를 '친척' 혹은 '삼촌' 등으로 번역하는데 '운반할 때 사용하는 용기'로도 번역할 수 있다(왕하 10:7; 렘 24:1-2; 시 81:6). 따라서 10절의 상황은, 시체들이 부패하여 뼈가 남았을 때 그것들을 수습하여 용기에 담아 집 밖으로 운반하는 상황이다. 그다음 그 시체들을 화장하고(삼상 31:8-13) 다시 안치하는 과정이 이어진다.

그러나 왜 이 상황에서 야웨의 이름을 부르지 말라고 하는지 알 수가 없다. 심판을 받아 죽은 시체들을 장례하는데 야웨의 이름을 부를 필요가 없다는 것으로 짐작할 수 밖에 없다.

C. 정의의 열매를 쓴 쑥으로 바꾸었구나 (11–14절)

11 참으로 보라! 야웨께서 명령하시니라. 그가 큰 집을 쳐서 부스러기
로 만들고 작은 집을 조각으로 만들것이다.
12 말들이 바위 위에서 달리겠는가? 소가 거기서 밭 갈겠는가?
참으로 너희는 공의를 독초로 바꾸며 정의의 열매를 쓴 쑥으로 바꾸
었구나
13 로드바르로 인해 기뻐하는 자들이 이르기를 우리가 우리의 힘으로
카르나임을 취하지 아니하였느냐 하는구나
14 만군의 하나님 야웨의 말씀이라. 참으로 보라! 이스라엘 집아 내가
한 나라를 일으켜 너희를 칠것이니 그들이 하맛 어귀에서부터 아라바
와디까지 너희를 학대하리라

하나님께서 명령하신다고 할 때 분사형을 사용하여(11절) 현재 명령하고 계신다는 사실을 강조하고 있다. 그런데 큰 집과 작은 집을 부수어 조각조각 만드는 존재는 누구인가? '그가'라고 명시하고 있으니 하나님이 직접하시는 것은 아니고 아마도 14절에 나타나는 '한 나라,' 즉 침략해 올 외적을 가리키는 것이라 볼 수 있다. 그리고 '큰 집'과 '작은 집'은 모두 궁전이나 공공건물을 가리키는 것으로 보인다.

12절에는 당연한 대답을 기대하며 질문을 하고 있다. 일종의 수사적인 질문이라 할 수 있다. 말이 바위 위에 달리지 못하는 것은 당연하다. 바위에 쟁기질 할 농부가 어디 있겠는가! 이처럼 당연한 것을 당연하게 여기지 않고 왜곡시키는 행동을 질타하고 있는 것이다. 공의를 "쓰고 독이있는 풀"로 만든 것을 비판하고 있는 것이다.

13절에서 논란이 되고 있는 것은 '로드바르'와 '카르나임'을 도시 이

름으로 번역할 지 아니면 단어들의 의미를 찾아 번역할 것인지에 대한 것이다. 성경에는 '로드바르'(수 13:26; 삼하 9:4-5; 17:27)와 '카르나임'(창 14:5)이라는 도시가 나타난다. 그리고 도시명칭으로 번역하는 것이 문맥에도 적합하다. 번역본 가운데 표준새번역과 RSV 등이 도시 명칭으로 번역하고 있다. 이 도시들은 요단강 동편에 있는 도시들로 갈릴리 동남쪽과 동쪽에 있는 도시다. 이들 도시들은 여로보암 2세가 물려받은 도시들이었으나 나중에 베가와 시리아의 수중에 들어가고 말았다.

14절의 '아라바 와디'는 어디를 가리키는가? 우선 여로보암 2세가 통치하고 있었던 지역이라야 된다. 그리고 '아라바'라는 지명을 볼 때 요단강 지역으로 한정시킬 수 있다. 아마도 베트-아라바(Beth-arabah)가 있는 엘켈트(el-Qelt) 계곡으로 짐작되며, 에스-수웨이니트 와디(Wadi es-Suweinit)가 있는 지역으로 보인다. 이 곳은 요단강 동편 지역이다.

14절, 이스라엘을 학대하는 '한 나라'는 어느 나라를 가리키는가? 우선 '일으키다'라는 단어 מקים(매킴)은 분사형으로 현재 진행되고 있는 모습을 표현한 것이다. 따라서 30여년이나 후에 일으날 앗수르의 사마리아 점령(주전 722)을 예언하고 있는 것이 아니다. 보다 더 가까운 장래에 이스라엘 사람들이 당할 심판을 예언한 것이다. 아마도 르신이 이끄는 시리아로 보이며 반앗수르 동맹에 참가한 나라들이 시리아에게 협력했을 것이다.

IV. 환상과 현실 | 7:1-9:15

1. 세 가지 환상 | 7:1-9

[구조]

A. 첫째 환상: 메뚜기 재앙 1-3
B. 둘째 환상: 삼키는 불 4-6
C. 셋째 환상: 주석 7-9

[번역과 해석]

A. 첫째 환상: 메뚜기 재앙 (1–3절)

1 주 야웨께서 나에게 다음과 같이 보여주셨다. 보라! 봄에 풀이 올
라오기 시작할 때에 메뚜기들을 빚으셨다. 보라! 왕이 벤 후의 봄 풀
이로다
2 그리고 땅의 풀을 다 먹어버렸다. 내가 이르되 주 야웨여 청하건대
용서하소서, 야곱이 작은데 어떻게 일어설 수 있겠습니까?
3 야웨께서 이에 대하여 뜻을 돌이키셨다. 그러므로 이것이 이루어지
지 아니하리라고 야웨께서 말씀하셨다.

'보여주다'라는 뜻은 하나님께서 알려주셨다 혹은 계시해주셨다는 의미이다(왕하 8:13; 렘 38:21; 시 71:20; 85:8). 하나님께서 메뚜기들(욜 1:4; 암 4:13)을 만드셨다고 했는데 이 때 יצר(야차르)라는 동사

를 사용하였다. '야차르'는 도자기를 '빚다'라고 할 때 사용하는 단어이기에 '빚으셨다'로 번역한다. 메뚜기 떼가 덮쳐오면 푸른 풀은 모두 사라져 버린다. 따라서 사람 뿐 만 아니라 짐승들도 먹을 것이 없어져 버린다. 참혹한 재앙이 바로 메뚜기 재앙이다.

'봄 풀'은 לֶקֶשׁ(레케쉬)를 번역한 것으로 '뒤에 (돋아나는) 풀'이란 뜻의 단어인데 봄에 돋아나는 풀을 가리키기에 '봄 풀'로 번역한다. 이러한 시각은 가을에 새 해가 시작된다는 시각에서 '봄 풀'을 '늦은 풀'로 보는 것이다. 그리고 이 풀은 잡초가 아니고 이제 돋아나는 곡식을 가리키는 것이다.

왕이 무엇을 베었는가? '풀'을 베었다고 여겨서 개역개정은 '풀을 벤 후'라고 번역하였다. 그러나 왕이 농촌의 모든 밭에 풀을 베었다는 것은 설득력이 부족하다. 혹은 왕이 추수를 하였는가? 가능성은 있지만 왕이나 왕실에서 직접 추수를 했다는 기록을 찾기 어렵다. 오히려 '양털 깎기'일 수도 있다(창 31:19; 38:12-13; 삼하 13:23). '양털 깎기'는 늦은 겨울이나 이른 봄에 하는 것으로 이때는 잔치와 같은 분위기가 된다(삼상 15:1-11; 삼하 13:23-29). 그런데 왕이 양털 깎기를 한다는 것은 농촌의 양털을 왕실에서 가져간다는 의미이기도 하다. 왕과 권력자들은 양의 털을 가져가 버리고, 이제 겨우 돋아나는 곡식 잎사귀들은 메뚜기가 와서 다 먹어버린다면 농촌 사람들은 무엇을 먹고 살아가야 하는가? 예언자는 이러한 상황을 보면서 하나님께 간청한 것이다.

'용서 하소서'라고 예언자가 하나님께 간청할 때 "야곱이 작다"라고 하면서 호소하였다. 이스라엘을 야곱으로 부른 것은 '국가'라는 개념보다 '백성'의 개념이며 친밀하고 감정이 있는 '사람'을 가리키는 것이다. 예언자의 중재를 들으시고 하나님은 심판을 실행하시지 않고 야곱을, 이스라엘을 살려주셨다. 중재자로서의 예언자의 역할이 돋보이는 대목이다. 동시에 "뜻을 돌이켜" 자신의 위상을 추락시키면서까지 이스라엘을 살리려는 하나님의 결단과 마음 씀이 감동적이다.

하나님께서 뜻을 '돌이켰다'는 것을 표현하는 נחם(니함)이라는 단어는 기존의 뜻을 변경시키시는 하나님을 묘사할 때 자주 나타난다. 하나님께서는 창조주이시며 역사의 주관자이신 전능하신 분이지만 인간과의 관계 속에서 종종 자신의 뜻을 변경하시는 모습을 보여주고 있다. 즉 인간의 선택에 따라 하나님도 영향을 받게 되었다는 뜻이기도 하며, 인간을 얼마나 사랑하시기에 이토록 하나님이 자신을 낮추실까 히는 느낌이 든다.

J. H. Hayes는 환상을 통해 예언을 하게 되면 다음과 같은 유익이 있다고 하였다; (1) 화자와 청중이 함께 환상을 보면서 이야기하기 때문에 친밀한 상호관계를 만들 수 있다. (2) 환상은 움직일 수 없는 증거의 역할을 하기 때문에 화자에 대한 신뢰도가 높아진다. (3) 환상을 함께 보면 감성적 영향력을 증대시킬 수 있으며, 화자가 해설자이면서 중재자의 역할도 할 수 있게 된다. (4) 환상 속에 하나님의 말씀이 들어가 있으면 예언자는 부담을 덜 수 있고 환상 자체가 하나님의 권위로 우뚝 서게 된다.[68]

B. 둘째 환상: 삼키는 불 (4–6절)

4 주 야웨께서 나에게 다음과 같이 보여주셨다. 보라! 주 야웨께서

68) J. H. Hayes, *Amos, The Eighth-century Prophet: His Times & His Preaching*, 201.

불로 논쟁하기 위해 부르셨다. 그런데 불이 깊은 것을 삼키고 땅을 먹고 있었다.
5 이에 내가 이르되 주 야웨여 청하건대 그치소서. 야곱이 작은데 어떻게 일어설 수 있겠습니까?
6 주 야웨께서 이에 대하여 뜻을 돌이키셨다. 주 야웨께서 이르시되 이것도 이루지 아니하리라 하시니라

1-3절과 4-6절은 본문도 반복되는 부분이 많고 내용도 비슷하다. 첫 번째 환상은 메뚜기 재앙에 대한 것이라면 두 번째 환상은 '불' 즉 전쟁의 재앙에 대한 것이다. 그리고 '논쟁하다'로 번역되는 '리브'(4절)라는 히브리어가 나타난다고 해서 모두 재판정의 상황이라 단정 짓는 것은 성급한 판단이다. 이 상황은 재판 이전의 논쟁을 하는 상황이다. 불로 논쟁을 한다는 것은 전쟁을 가리킨다(사 66:16). 문제는 하나님께서 불(전쟁)로 심판하시는 것을 중지하셨다는 사실이다. 5장 6절에서도 불(전쟁)로 심판하는 장면이 나타나는데 아마도 이 불은 베가의 쿠데타를 가리키는 것으로 보인다.[69] 그러나 아직은 당장 이러한 내전의 전쟁이 일어나지 않는다는 것이다.

> 야웨를 찾아라! 그리고 살아라!
> 그렇지 않으면 요셉의 집에 불같이 임하여 사르시리니,
> 벧엘에서 그 불을 끌 사람이 없으리라. (5:6)

---

69) J. H. Hayes, *Amos, The Eighth-century Prophet: His Times & His Preaching*, 203-204.

4절에는 창세기 1장에 나타나는 단어들과 유사한 단어들이 등장하고 있다. תהום(트홈) '깊은 것'(창 1:2)은 지하의 깊이 있는 것을 가리키며, '땅'은 חלך(헬레크)를 번역한 것인데 물과 구분되는 부분 즉 마른 땅(얍바사, 창 1:9)을 가리킨다. 5절의 '그치소서'는 חדל-נא(하달나)로서 간절하게 간청하는 의미를 표현하였다.

C. 셋째 환상: 주석 (7–9절)

7 나에게 다음과 같이 보여주셨다. 주석으로 된 벽 곁에 주께서 손에
주석을 쥐고 계셨다
8 야웨께서 내게 이르시되, 아모스야 네가 무엇을 보느냐? 내가 대답
하되, 주석입니다.
주께서 이르시되, 보라! 내가 주석을 내 백성 이스라엘 가운데 두고
내가 다시는 그를 지나치지 않을 것이다.
9 이삭의 산당들이 황폐되며 이스라엘의 성소들이 파괴될 것이라
내가 일어나 칼로 여로보암의 집을 치리라

7-8절 해석에서 가장 중요한 단어는 אנך(아낙)이다. 개역개정과 여러 번역본들은 이 단어를 '다림줄(plumb line)' 즉 건축할 때 수직 상태를 재는 도구로 이해하고 번역하였다. 다림줄 추로는 주로 납을 사용며 때로는 주석을 사용하기도 한다(슥 4:10). 일반적으로 עפרת(오페레트, 민 31:22; 렘 6:29; 슥 5:7)는 '납'이고 בדיל(브딜, 민 31:22, 사 1:25; 겔 27:12)은 주석이다. 그러나 '아낙'은 이 본문에만 나타나는 단어이며 그 의미가 분명하지 않아 알기 어렵다.

그런데 '아낙'은 아카디아어 annaku(주석)에서 차용된 언어로 볼

수 있다. 따라서 '주석(tin)'으로 일단 번역해 볼 필요가 있다. 그리고 7절의 히브리어 구절을 보면 "(벽) 아낙"의 순서로 되어 있다. 따라서 이 부분은 주석으로 만든 벽, 즉 '청동성벽'같은 것으로 이해할 수 있다. 구리에 주석을 혼합하면 청동(bronze)이 되고, 구리에 아연을 넣으면 놋(brass)이 된다. 놋은 청동보다 후대의 산물이다. 아모스 시대는 분명 철기시대이지만 청동은 옛날부터 무기로 사용되고 있었기 때문에 청동을 만드는 주석은 곧 무기라는 상징성을 가지고 있었다. 이러한 의미를 살펴볼 때 '주석'은 '무기'라는 의미로 사용된 단어임을 알 수 있다.[70] 이렇게 번역할 때 비로소 9절의 전쟁 상황이 이해된다. 무기가 난무하는 전쟁 상황인 것이다.

그리고 당시 주석의 공급지는 아나톨리아였다. 그리고 주석 교역을 장악한 나라는 우라르투(Urartu)였는데 우라르투는 앗수르와는 앙숙이었으므로 지중해 연안의 반앗수르 동맹과 손잡고 있었다. 따라서 앗수르는 우라르투의 방해로 주석을 비롯한 다양한 광산물을 확보하는데 어려움이 있었다.[71]

8절에는 '지나가다(pass by)'라는 뜻의 단어인 **עבר**(아바르)가 나타난다. 즉 심판의 칼날이 그 사람이나 그 집을 치지 않고 넘어가는 것을 의미하며 결국 용서를 의미한다. 그래서 저자는 '지나치지 않을 것이다'(8절)라고 직역을 하였으나 개역개정에는 '용서하지 아니하리니'라고 번역하였다. 이스라엘 왕실에 대한 하나님의 심판 의지를 분명하게 선포한 것이다.

---

70) William Lee Holladay, "Once more, 'anāk = 'tin', Amos 7:7-8," *Vetus testamentum*, 20 no 4 Oct (1970), 492-494.

71) J. H. Hayes, *Amos, The Eighth-century Prophet: His Times & His Preaching*, 205.

"이삭의 산당"(9절)이란 브엘세바를 가리킨다.[72] 브엘세바는 5장 5절에도 언급되고 있으며 반앗수르 세력에 속해있었다. 이 지역은 이미 블레셋과 에돔의 수중에 들어갔을 수도 있으며 유다의 손이 거의 미치지 않는 지역이기도 하였다. 웃시야 시대(주전 785-760년)에는 유다가 이 지역을 통제하고 있었지만(대하 2:26) 아모스가 활동하던 요담 시대(주전 759-744년)에는 그 지역을 잃어버렸다.

아모스는 '여로보암의 집'이라고 구체적으로 언급하면서 심판 예언을 하였다. 특히 '내가'하면서 야웨 하나님께서 직접 여로보암의 집을 응징하시리라는 선언은 반정부 쿠데타의 정당성을 제공하는 효과가 있다. 아마샤가 아모스를 반정부를 선동한다고 비난하고 나설 만 하게 아모스가 행동한 것이다. 그런데 하나님의 심판은 '여로보암의 집' 즉 이스라엘의 왕실 뿐 만 아니라 브엘세바를 중심한 반앗수르 동맹 세력에 대해서도 심판 선언을 하였다.

2. 아모스와 아마샤의 대결 | 7:10-17

[구조]

A. 아모스를 고발한 벧엘의 제사장 아마샤 10-13
B. 아마샤에게 대답하는 아모스 14-17

---

72) H. W. Wolff, *Joel and Amos*, 301-302.

10-17절 부분이 언제 선포되었는가? 아모스가 유다로 피신하였고 유다에서 나머지 예언을 선포했다는 주장은 설득력이 부족하다. 오히려 이 부분은 나중에 편집과정에서 삽입되었다고 보는 것이 타당하다. 왜냐하면 (1) 하나님께서 여로보암의 집을 칼로 심판하시겠다는 9절의 말씀이 있었기 때문에 여로보암의 집에 대한 심판예언인 10-17절 부분이 삽입된 것이다. (2) 환상보도는 연관성이 있어서 연속적으로 선포되었다고 보는 것이 타당하다. (3) 연대적인 순서에 따라 자서전적인 보도인 10-17절을 말미에 위치시킬 경우 아모스 예언서 전체의 주제가 약화될 우려가 있다.

아마샤가 왕에게 아모스의 예언에 대해 보고했을 때 왕은 어디에 있었는가? 48km 떨어진 사마리아에 있었는가 아니면 벧엘에 있었는가? 아마도 벧엘에 있었을 것이라 짐작된다. 왜냐하면 최대의 절기인 가을절기의 의식에는 왕의 역할이 중요하기 때문에 왕이 벧엘에 머물고 있었을 것이라 짐작한다.

아모스의 죄명을 '모반' 혹은 '반역'이라고 아마샤는 왕에게 보고하였다. 예언자들 가운데는 현 왕권을 비판하는 경우가 여러 명 있었는데 정확히 '모반' 혹은 '반역'이라는 죄명으로 낙인찍은 경우는 아모스밖에 없었다. 그만큼 아모스의 심판예언은 명확하였고 심판예언의 파장이 컸다는 것을 알 수 있다.

'이스라엘 집 가운데'라는 의미는 아모스가 이스라엘 사람들에게 드러내 놓고 공공연하게 예언하고 있다는 점을 지적한 것이다. 아마샤는 이러한 아모스의 예언활동과 이 예언을 들은 청중들의 움직임에 대해 주목하면서, 이것은 심각한 반역이며 매우 위험하다고 판단하였다. 그래서 아마샤는 "그의 모든 말을 그 땅이 견딜 수 없습니다"(10절)라고 왕에게 보고한 것이다.

[해석과 번역]

A. 아모스를 고발한 벧엘의 제사장 아마샤 (10–13절)

10 벧엘의 제사장 아마샤가 이스라엘의 왕 여로보암에게 보내어 이
르기를, "이스라엘 집 가운데 아모스가 당신에게 반역하였습니다. 그
의 모든 말을 그 땅이 견딜 수 없습니다.
11 아모스가 말하기를, 여로보암은 칼에 죽겠고, 이스라엘은 그 땅에
서 떠나 반드시 사로잡혀 갈것이다 하였습니다."
12 아마샤가 아모스에게 말하기를, "선견자야 너는 유다 땅으로 도
망하라. 그리고 거기서 떡을 먹고 거기에서나 예언하라
13 다시는 벧엘에서 예언하지 말라 이는 왕의 성소요 궁궐이기 때문
이다."

아마샤는 이스라엘 왕실의 뜻을 대변하고 있었다. 그는 하나님이 아닌 왕에게 아모스에 대해 보고하였고, 하나님이 아닌 왕의 뜻을 아모스에게 전달하였다. 그것은 예언자를 추방하는 것이었다. 그것도 급하게 추방시키는 것이었다. 그래서 '도망하라'라는 표현을 사용한 것이다.

아마샤는 아모스에게 벧엘에서는 예언하지 말라는 명령을 내렸다. 이유는 벧엘이 왕의 통제하에 있었고 왕을 위하여 있기 때문이라는 것이다. 즉 성소의 주인을 하나님으로 보기보다 왕으로 보는 시각이 아마샤의 주장인 것이다. 그래서 벧엘이 '왕의 성소'라고 하였고, 왕의 '궁궐'이라고 하였다. 성전이 '하나님의 집'이 아닌 '왕의 집'이라는 뜻이다. 아마샤의 생각이 얼마나 왜곡되어 있는지, 그리고 하나님의 뜻

과는 얼마나 거리가 멀어있는지 알 수 있는 대목이다.

예언자에 대한 아마샤의 시각이 또한 주목할 만하다. "거기서 떡을 먹고 거기에서나 예언하라"라는 표현은 예언자가 떡, 즉 돈을 벌기 위해 혹은 생계수단으로 예언한다는 의미가 들어있다. 이러한 표현은 자신도 그렇게 하고 있다는 뜻이기도 하다.

B. 아마샤에게 대답하는 아모스 (14-17절)

14 아모스가 아마샤에게 대답하여 말하였다. "나는 예언자가 아니며
예언자의 아들도 아니다. 나는 목자요 뽕나무를 재배하는 사람이다.
15 양 떼를 따를 때에 야웨께서 나를 데려다가 말씀하시기를, '가서
내 백성 이스라엘에게 예언하라' 하셨다.
16 이제 너는 야웨의 말씀을 들으라. 네가 이르기를 '이스라엘에 대
하여 예언하지 말며 이삭의 집을 향하여 경고하지 말라' 하였으니
17 그러므로 야웨께서 이와 같이 말씀하셨다; '네 아내는 성읍 가운
데서 창녀가 될 것이요 네 자녀들은 칼에 엎드러지며, 네 땅은 측량하
여 나누어질 것이며, 너는 더러운 땅에서 죽을 것이요 이스라엘은 그
땅에서 떠나 반드시 사로잡혀 가리라.'

그러나 아모스는 단호하게 나는 생계수단으로 예언하는 그러한 사람이 아니라고 항변한다. 그 뜻이 '나는 예언자가 아니다'라는 표현에 담겨있다. 오히려 생계수단으로 목축을 하고 있었는데 하나님이 부르셔서 그것을 팽개치고 예언활동을 하고 있다고 설명한다.

아모스의 대답에는 동일한 내용이 반복하여 강조되어 있으며 동사가 생략되어있다. 즉 '예언자'와 '예언자의 아들'이란 동일한 뜻인데 다

르게 표현한 것일 뿐이다. 그리고 '예언자'를 평가절하 한다거나 비판하는 내용이 아니다(2:11-12; 3:7). 아모스는 아마샤가 생각하는 그러한 직업적인 예언자가 아니라는 사실을 강조하지만 자신이 하는 예언활동을 포기할 의사는 없는 사람이었다. 15절에 의하면 아모스는 처음부터 예언자로 출발하지 않았다는 사실을 알 수 있다. 그는 양떼를 기르는 목자였는데 하나님께서 부르셔서 예언활동을 했을 뿐이라는 것이다. 그에게 중요한 것은 신분이 아니라 활동 그 자체였다. 아마샤는 제도권 안에서 제사장으로서 그 특권을 누리고 있었지만 아모스는 평민 출신으로 오직 하나님의 말씀에만 의존하여 개혁을 부르짖고 있었던 것이다. 타르굼에는 "나는 쉐펠라에 무화과 나무를 가지고 있다"라고 번역했는데 이러한 번역은 해석에 가깝다.

아마샤가 이스라엘에 대해 심판예언을 하지 말라 라는 말은 이해할 수 있는데, 왜 유다 남부 세력에 심판 예언을 하는 것을 중지시켰는가? '이스라엘'은 여로보암 2세 통치 하에 있었던 북왕국 이스라엘을 가리키고, '이삭의 집'이란 브엘세바를 중심으로 하는 유대 남부의 반앗수르 세력들을 가리키는 말이다(암 5:5; 7:9; 8:14).[73)]

여자가 창녀가 된다는 것은 남편이 죽었거나 아이들이 없을 때 일어날 수 있는 사건이다. 참혹한 것은 자녀들이 칼로 죽임을 당한다는 예언이다. 제사장에게는 정결이라는 것이 가장 소중하다. 그런데 이스라엘의 다른 사람들과 함께 사로잡혀 이방 땅에 끌려가서 이방 땅 곧 '더러운 땅'에서 죽을 것이라는 것은 제사장에게는 가장 치욕적인 결말이다.

---

73) J. H. Hayes, Amos, *The Eighth-century Prophet: His Times & His Preaching*, 206.

3. 환상과 야웨의 날 | 8:1-14

[구조]

8장의 구조는 7장의 세 번째 환상(7:7-9)과 비슷하다.

A. 여름 실과 한 광주리의 환상	1-3
B. 신 한 켤레로 가난한 자를 사자!	4-8
C. 애통의 날	9-10
D. 야웨의 말씀을 듣지 못한 기갈	11-14

[번역과 해석]

A. 여름 실과 한 광주리의 환상 (1-3절)

1 주 야웨께서 나에게 다음과 같이 보여주셨다. 보라! 여름 과일 한 광주리니라
2 그분이 말씀하셨다. "아모스야 네가 무엇을 보느냐?"
내가 말하였다. "여름 과일 한 광주리입니다".
야웨께서 내게 말씀하셨다. "내 백성 이스라엘의 끝이 이르렀다. 내가 다시는 그를 지나치지 않을 것이다."
3 그 날에 궁전의 노래가 애곡으로 변할 것이다. 주 야웨의 말씀이라. 시체가 많아지리라. 곳곳에서 내어버리리라. 조용하라!

קַיִץ(카이츠)는 '여름'이라는 뜻의 단어로 사용되기도 하고(창 8:22;

사 28:4; 렘 8:20; 시 32:4; 암 3:15), '여름 과일'이라는 뜻으로도 사용된다(삼하 15:1). 여기서는 '여름 과일'이란 뜻이다. 왜 '여름 과일'의 환상을 보여주셨을까? 그것은 그런데 이 단어와 언어유희를 하고 있는 קֵץ(캐츠)라는 단어(2절)를 부각시키기 위해서였다. '캐츠'는 '끝'이란 뜻도 있고, '마지막 달'이라는 뜻도 있다. 게제르 캘린더에는 마지막 달을 '캐츠'라고 불렀다. 만일 '캐츠'가 '끝'이라는 뜻이면 이스라엘 백성의 '끝' 즉 멸망이 다가왔다는 심판예언이다. 혹은 '캐츠'가 '마지막 달'이라는 뜻이면 이스라엘이 마지막을 향해 치닫고 있지만 완전한 끝이나 멸망을 의미하는 것은 아니라는 것이다. 본문의 역사적 배경이나 문맥을 보아 후자의 뜻이 적합하다고 본다. 즉 이 심판예언이 28년 후에나 일어날 이스라엘의 멸망(주전 722년)을 선포하는 것이 아니라 임박한 심판을 가리키고 있는 것이다. 따라서 이 심판 예언은 베가를 위시한 반앗수르 반란으로 인해 일어날 이스라엘의 내전(주전 735년)을 예언한 것으로 볼 수 있다.

3절의 שִׁירָה(쉬라)라는 단어는 대부분의 번역본에서 '노래'라는 뜻으로 번역되어 있다. 그러나 이렇게 번역하면 "궁전의 노래들이 애곡하다"라고 되어 이상한 면이 있다. 그래서 "궁전들의 노래가 애곡으로 변할 것이다"라고 번역한다. 그러나 이것은 추정하여 '변할 것이다'라는 단어를 첨가시킨 것이다. 이 단어는 '슈로트' 즉 '벽 혹은 담'으로 번역할 수 있다. 그래서 J. H. Hayes는 "궁전의 벽이 애곡하다"라고 번역하였다.[74] 고대 히브리어는 여러 부분에서 생략법을 많이 사용한다. 따라서 단어 자체를 수정하기보다 무엇이 생략되어 있는지를 살펴

74) J. H. Hayes, *Amos, The Eighth-century Prophet: His Times & His Preaching*, 196, 208.

보는 것이 중요하다. 10절을 참고하여 볼 때 3절의 경우는 궁전의 노래들이 애곡의 소리로 바꾸어 질것이라는 심판예언으로 이해하는 것이 적합하다고 본다.

궁전에서 무슨 일이 일어 나길래 이토록 통곡소리만 들리는가? 시체들이 가득한 대학살이 일어나기 때문이다. 쿠데타가 일어나고 내전이 치열한 가운데 결국 왕실을 비롯한 궁전에 있는 사람들이 학살당하는 일이 일어나기 때문이다. 현재의 왕조가 무너진다는 것이고 새로운 왕조가 일어난다는 예언을 하는 것이다. 3절 마지막의 '하스'라는 단어는 '쉿!'하면서 조용히 하라는 뜻의 단어이다. 쿠데타가 일어난다는 것은 비밀사항이니 입조심하라는 것이다.

B. 신 한 켤레로 가난한 자를 사자! (4-8절)

4 이 말을 들으라! 가난한 자를 짓밟으며 땅의 힘없는 자를 끊어버리려는 자들아!
5 너희가 이르기를, 월삭이 언제 지나서 우리가 곡식을 팔며, 안식일이 언제 지나서 우리가 곡식을 살까? 에바를 작게 하고 세겔을 크게 하여 거짓 저울로 속이며,
6 은으로 힘없는 자를 사며, 신 한 켤레로 가난한 자를 사며, 곡식 찌꺼기를 팔자 하는도다
7 야웨께서 야곱의 영광을 두고 맹세하시되, 내가 그들의 모든 행위를 절대로 잊지 아니하리라 하셨다.
8 이로 인해 땅이 떨지 않겠으며, 그 가운데 모든 주민이 애통하지 않겠느냐?
온 땅이 나일 강같이 솟아오르며, 애굽이 나일 강 같이 올라갔다가

낮아지리라

왜 심판받을 수밖에 없는지 그 이유를 제시하고 있다. 특히 가난한 사람들을 속이는 상인들의 부정을 예로 들었다. 매월 첫째 날(월삭)과 안식일은 성회이기 때문에 일을 하지 않고 쉬어야 한다. 월삭을 지키는 것은 구약에 자주 나타난다(신 10:10; 28:11-15; 삼상 20:5, 24; 왕하 4:23; 사 1:13-14; 호 2:11). 이 날들은 축복받은 날들이지만 상인들은 성회에는 관심이 없고 사업을 할 수 없고 돈을 벌지 못하기 때문에 안달이 나 있다. 그런데 이 상인들은 악한 상인들이었다. 저울추로 속여서 살 때는 싼값에 사들이고, 팔 때는 비싼 값에 판매하려고 하는 것이다. 저울추를 속이는 상인들의 악행에 대해서 성경은 자주 비판하고 있다(레 19:35-36; 신 25:13-16; 겔 45:10-12; 잠 11:1; 16:11; 20:10, 23). 가난하고 힘없는 사람들은 상인들의 농간에 의해 많은 손해를 볼 수밖에 없는 것이다.

"은으로 힘없는 자를 사며"라는 광경은 사람을 돈으로 사고판다는 생각을 하는 노예장사들의 모습을 묘사한 것이다. 대부분의 노예들은 빚을 갚지 못해 노예로 전락한 소위 '채무노예'였다. 그런데 가난한 사람의 경우 사람의 몸값이 신 한 켤레 값에 불과하였다. 장사는 언제나 수요와 공급의 법칙을 따른다. 얼마나 많은 사람들이 가난에 떠밀려 노예 시장으로 나왔는지 사람 몸값이 바닥으로 떨어진 것이다. 소수의 부자들과 대다수의 가난한 사람들이 사는, 빈부 격차가 극심한 사회는 결국 "가난한 사람을 짓밟는" 악한 사회가 되기 십상이다.

밀이 아니라 '찌꺼기 밀'이라 하였다. 일반적인 시장에서는 거래되기 힘들지만 가난한 사람들에게는 연명할 수 있는 중요한 양식이 바로 '찌꺼기 밀'이었다. 한국에서도 양식이 귀한 춘궁기에는 가난한 사람들이 술 찌꺼기를 먹고 연명하기도 하였다. 평소에는 거들떠보지도 않던 찌꺼기 밀도 누군가 먹고 싶어 하니, 부자들이 그것을 상품이라 떠들면서 돈을 받고 팔고자 하는 것이다.

사람들이 저지른 죄악으로 인해 땅이 떨고 있다. 사람과 땅, 사람과 자연은 함께 연결되어 있으며 한 몸 같은 공동체다. 사람으로 인해 죄 없는 동물과 식물이 산천초목이 두려움 속에 살얼음판을 걷고 있다. 언젠가는 땅이 참을 수 없어 요동치고(지진), 토해내는 일(추방)이 일어날 수 있다. 온 땅이 나일 강같이 솟아오른다는 것은 대지진이나 화산 폭발 같은 자연 현상을 가리키는 것이다. 이스라엘 지역은 지진대에 속해 있기에 평소에도 자주 지진이 일어난다. 그래서 작은 지진은 무시하기 일쑤다. 그러나 주전 748년 대지진이 일어났다. 아모스가 주전 750년 예언을 했으니 그 예언이 2년 후 성취된 것이다. 빈부격차가 갈수록 커지고 극한 상황으로 내몰리는 국민들의 숫자가 늘어가는 한국의 상황이 개선되지 않는다면 결국 이러한 파국을 맞게 될 것이다.

C. 애통의 날 (9–10절)

9 그 날에 일어날 것이라. 주 야웨의 말씀이라. 내가 해를 한낮에 지게하며, 대낮에 땅을 캄캄하게 할 것이다.
10 내가 너희 절기들을 애곡으로, 너희 모든 노래들을 애가로 변하게 할 것이다.
내가 모든 사람에게 굵은 베로 허리를 동이게 할 것이다.
내가 모든 머리를 대머리가 되게 할 것이다.
내가 독자로 인해 애곡하듯 하게 할 것이며
마지막에는 괴로운 날과 같게 할 것이다.

'그 날'은 '야웨의 날'을 가리킨다(2:16; 3:14; 5:18). 전통적으로 이스라엘의 승리의 날로 알고 있는 '야웨의 날'이 심판의 날임을 분명히 밝히고 있다. 한낮에 해가 지는 사건은 일식이다. 일식은 사람이 일으킬 수 없는 일이기에 하나님이 보여주시는 징조로 이해하였다. 그 징조는 심판과 재앙의 징조이다. 일식이 일어난 때는 주전 784년 2월 9일과 주전 763년 6월 15일이었다.[75] 일식 이미지를 사용한 것은 사람이 일으키는 사건이 아니라 하나님이 일으키는 사건이라는 뜻이며, 단 한 순간에 온 천지를 캄캄하게 만들 듯이 현재의 기쁨과 즐거움이 갑자기 슬픔과 통곡의 시간으로 바꾸어진다는 사실을 알리기 위한 것이었다. 절기는 기쁨의 시간이지만 이제는 슬픔과 통곡의 시간이 될 것이다. 굵은 베로 허리를 동이고 머리를 밀어 대머리로 만드는 것은 이스라엘의 애곡 관습이었다.

D. 야웨의 말씀을 듣지 못한 기갈 (11–14절)

11 보라! 날들이 올 것이다. 주 야웨의 말씀이라. 내가 그 땅에 기근
을 보낼 것이다. 양식이 없어 굶주림이 아니며 물이 없어 목마름이 아
니요 야웨의 말씀을 듣지 못하는 것이다.
12 그들이 바다에서 바다까지, 북쪽에서 동쪽까지 비틀거리며 야웨의
말씀을 찾으러 이리저리 돌아다녀도 발견하지 못할 것이다.
13 그 날에 아름다운 처녀와 청년들이 모두 목말라 쓰러질 것이다.
14 사마리아의 죄악을 두고 맹세하기를, '단아 네 신들이 살아 있음
에'라고 하거나, '브엘세바의 길이 살아 있음에'라고 하는구나. 그들은

75) H. W. Wolff, *Joel and Amos*, 329.

엎드러지고 다시 일어나지 못할 것이다.

양식이나 물이 없으면 살 수 없듯이 하나님의 말씀이 없으면 갈 길을 잃어버리고 헤맬 뿐 이다. 사회와 개인이 비틀거리거나 목말라 쓰러지는 이유는 바로 말씀을 들을 수 없기 때문이다. 오늘날 인터넷을 통해 그리고 각 교회 강단과 사회 지도자로부터 다양한 진단과 처방의 말들이 쏟아지지만 홍수만 일으킬 뿐 깨끗하고 마실 수 있는 물을 제공하지 못한다. 상업적인 목적으로 오염되지 않는 진리의 말, 사람의 목숨을 살릴 수 있는 깨끗한 물이 필요하다. 특히 성경을 새롭게 해석해서 들려주는 교회 강단이 절실히 필요한 시점이라 할 수 있다. 단과 브엘세바는 이스라엘의 북쪽 끝과 남쪽 끝의 도시이다. 따라서 이스라엘 전역에 걸쳐 일어난 일임을 알려준다. 동시에 단과 브엘세바는 성소가 있는 도시이다.

4. 환상과 이스라엘의 미래 | 9:1-15

[구조]

A. 다섯 번째 환상: 피할 수 없는 하나님의 심판	1-4
B. 창조의 하나님, 심판의 하나님	5-6
C. 범죄한 나라 이스라엘을 반드시 심판하리라	7-10
D. 이스라엘의 희망 찬 미래	11-15

[번역과 해석]

A. 다섯 번째 환상: 피할 수 없는 하나님의 심판 (1–4절)

1 내가 보니 주님께서 제단 곁에 서서 말씀하셨다. "기둥머리를 쳐서 문지방들이 진동하게 하고 그것들로 모든 사람들의 머리에 무너져 내리게 하라. 내가 마지막 사람까지 칼로 죽일 것이다. 그들 중에서 아무도 도망하지 못하며 그들 중에서 아무도 피하지 못할 것이다.
2 만일 그들이 스올로 파고 들어간다면 내 손이 거기에서 붙잡아 낼 것이요,
만일 하늘로 올라간다면 내가 거기에서 그들을 끌어 내릴 것이다.
3 만일 갈멜 산 꼭대기에 숨는다면 내가 거기에서 찾아 끄집어 낼 것이요,
만일 내 눈을 피하여 바다 밑에 숨는다면 내가 그곳에서 뱀에게 명령하여 그들을 물게 할 것이다.
4 만일 그들이 원수 앞에서 포로로 잡혀 간다면, 내가 그곳에서 칼에게 명령하여 그들을 죽이게 할 것이다. 내가 그들을 주목하는 것은 복이 아니라 재앙을 위해서다."

앞에서 보여준 다른 환상과는 달리 다섯 번째의 환상은 더 이상 대화가 없고 결정된 심판을 반드시 시행하리라는 강한 의지를 보여준다. 1절에는 히브리어 לא(로)가 반복되면서 "아무도... 하지 못할 것이다"라는 부정적인 의미가 강화되어 있다. 그리고 2-4절에는 "만약... 한다면"이란 뜻의 אם(임)이 다섯 번이나 반복해서 나타난다. 어떠한 일이 일어나더라도 반드시 찾아서 심판하시겠다는 하나님의 의지를

강하게 표시한 대목이다.

하나님께서 왜 제단 곁에서 심판을 선포하실까? 제단은 은혜 주시는 하나님을 연상시키고 은혜의 상징이라 생각하기 쉽지만 심판을 하실 때는 바로 그 제단에서 심판을 명령하신다는 사실을 주목할 필요가 있다. 제단과 성전이 피난처가 아니라 심판이 시작되는 곳이 되어 버렸다. 하나님께서 보신다는 것도 하나님의 사랑과 은혜의 눈길로 알려져 있지만(하갈을 보아 주시는 하나님(창 16:13-14), 제사장의 축도(민 6:25-26) 여기의 하나님의 눈(3, 4절)은 끝까지 죄인을 추적하게 될 것이며 그 목적은 죄인을 색출하여 처벌하기 위해서다.

하나님의 통치 영역은 제한이 없다. 죽은 자가 가는 스올도, 하늘도, 산과 바다도 하나님의 손이 미치지 못하는 곳이 없으며, 나라를 구분하는 국경선도 하나님의 손을 막을 방벽이 되지 못한다. 온 우주와 온 세계를 통치하시는 하나님의 눈을 피할 곳은 그 어디에도 없다.

B. 창조의 하나님, 심판의 하나님 (5–6절)

5 주 만군의 야웨,
그 분이 땅을 만지시니 땅이 녹아내리며
거기 거주하는 모든 사람들이 애통하도다.
온 땅이 나일 강같이 솟아오르고
애굽 강 같이 낮아질 것이다.
6 그의 다락방을 하늘에 세우시고
그 궁창의 기초를 땅위에 두시며
바닷물을 불러 지면위에 부으시는 분
그 이름은 야웨시라

예언의 한 가운데 한 편의 시가 노래로 불려졌다. 심판하시는 하나님의 모습과 천지를 창조하는 하나님이 나란히 묘사되어 있다. 천지를 아름답게 조화롭게 창조하시는 창조주 하나님께서 심판하실 때는 하나님께서 만드신 자연을 움직여서 심판의 도구로 사용하신다. 땅이 녹아내리고 땅이 솟아오르는 광경은 지진과 화산을 연상시킨다. 삶의 터전이 흔들리고 녹아내리는 근본적인 두려움을 느끼게 해주는 노래다.

C. 범죄한 나라 이스라엘을 반드시 심판하리라 (7–10절)

7 "이스라엘 자손들아 너희는 내게 구스 자손들과 같지 아니하냐?"
야웨의 말씀이라. "이스라엘을 애굽 땅에서 올라오게 하였고, 블레셋
사람을 갑돌에서, 아람 사람들을 기르에서 올라오게 하지 않았느냐?
8 보라! 주 야웨의 눈이 범죄한 나라에 있으니, 내가 그것을 지면에서
멸망시킬 것이다. 그러나 야곱의 집을 완전히 멸하지는 아니할 것이
다. 야웨의 말씀이라.
9 참으로 보라! 내가 명령하여 체로 흔들 듯이 이스라엘 집을 모든
나라들 가운데서 흔들 것인데 그 돌 조각 하나도 땅에 떨어지지 않을
것이다.
10 내 백성 가운데 '재앙이 우리에게 다가오거나 가까이 오지 않을
것이다'라고 말하는 모든 죄인들은 칼에 죽을 것이다."

하나님에게 구스 자손들과 같다고 했는데, 구스라고 하는 곳이 두 군데 있다. 나일강 상류이며 현재 이디오피아 지역을 가리키는 구스가 있고, 유대 광야 남쪽 지역에 있는 부족을 구스라고 하기도 한다(대

하 14:9-15; 21:16). 어느 쪽을 가리키는지 불분명하지만 공통되는 점은 하나님이 보시기에 그리 중요하지 않는 나라라는 뜻이 있다.[76)] 그리고 하나님은 이스라엘 백성만을 위한 하나님이 아니라 이스라엘의 적대 국가들인 블레셋과 아람 사람들을 위해 일을 하시는 분임을 또한 지적하였다. 이스라엘 백성을 노예의 땅 이집트에서 탈출시키신 하나님은 다른 민족들도 구원하시는, 온 세계를 통치하시는 하나님임을 강조한 것이다. 이스라엘은 하나님의 통치 영역 가운데 한 민족일 뿐임을 지적한 것이다.

하나님이 주목하여 심판하시는 나라는 바로 이스라엘이었다. 그러나 완전히 멸망시키지는 않으시겠다고 했으니 일말의 희망은 남아 있는 것이다. 이때의 이스라엘은 여로보암 2세가 통치하던 시대로 보이는데 여로보암 2세를 포함한 예후왕조의 멸망을 가리킬 가능성도 있고, 왕실을 비롯한 권력자들의 멸망을 가리킬 가능성도 있다. 10절의 '죄인'도 이러한 그룹을 가리키는 것으로 짐작된다. 그 '죄인'들은 '내 백성 가운데' 있는 사람들로서 하나님의 심판이 다가옴을 인정하려 하지 않고 자신들의 특권을 향유하기에 바쁜 사람들을 가리킨다.

이스라엘을 심판하는 것을 체질로 비유하였다. 체질은 추수한 곡식을 골라내어 알곡을 선별할 때 사용하는 방법이다. 제일 먼저, 곡식을 베어 묶은 단을 치거나 훑어서 탈곡시킨 후, 그 다음 단계는 바람에 키질을 하여 무거운 알갱이인 곡식을 모으게 된다. 마지막에는 체질을 하는데, 그물눈을 엉성하게 하여 곡식은 바닥에 떨어지지만 돌 조각들은 체에 남아 있도록 한다. 그리고 남아 있는 작은 돌 조각들을 버리게 된다. 따라서 땅에 떨어지지 않는 큰 물체 곧 돌 조각 같은 이스

76) J. L. Mays, *Amos*, 157.

라엘은 쓸모없는 것이기에 당연히 버림을 받게 된다는 뜻이다.[77]

D. 이스라엘의 희망 찬 미래 (11–15절)

11 "그 날에, 내가 다윗의 무너지는 장막을 일으켜 세우고 그것들의
틈들을 막을 것이다. 내가 그 허물어진 것을 세워서 옛날처럼 그것을
지을 것이다.
12 그래서 그들이 에돔의 남은 자와 내 이름으로 불리는 모든 나라
들을 소유하게 될 것이다. 이 일을 행하시는 야웨의 말씀이라.
13 보라! 날들이 올 것이다. 야웨의 말씀이라. 밭가는 자가 추수하는
자의 뒤를 쫓고, 포도를 밟는 자가 씨 뿌리는 자를 뒤쫓을 것이다. 산
들은 단 포도주를 흘릴 것이며 모든 언덕들은 녹아내릴 것이다.
14 내가 내 백성 이스라엘 포로를 돌릴 것이다. 그리고 그들이 황폐
한 성들을 건축하여 거주하며 포도원들을 만들고 그 포도주를 마시
며 과수원들을 만들고 그 열매를 먹을 것이다.
15 내가 그들을 그들의 땅에 심을 것이다. 내가 준 땅에서 그들이 다
시는 뽑히지 아니할 것이다." 네 하나님 야웨께서 말씀하셨다.

11-15절 부분을 해석할 때 먼저 해결해야 할 문제는 이 부분이 이제까지 이어져 왔던 아모스의 심판 예언과는 너무나 다른 희망적인 예언이라는 요인이다. 이러한 차이를 바라보면서 많은 해석자들은 이 부분이 후대에 첨가된 부분으로 해석하는 경향이 있다.[78] 물론 이러한

77) P. J. King, *Amos, Hosea, Micah* (Philadelphia: Westminster Press, 1988), 112. 김태훈, 사자의 부르짖음, 285.

78) W. H. Schmidt, *Old Testament Introduction* (Louisville: Westminster John

가능성을 배제할 수는 없다. 그러나 아모스의 예언일 가능성도 열어두어야 한다. 비록 심판을 예언하지만 하나님의 깊은 심중에는 택한 백성을 다시 회복시키고자 하는 마음이 있음을 알리면서 희망을 잃지 않고 살아가기를 바라는 예언일 수 있다는 가능성이다. 특히 아모스를 설교라는 시각에서 바라볼 때 이러한 위로와 희망이 반드시 필요한 요소라 여겨진다. 따라서 이 부분을 후대의 첨가이며 아모스의 예언과는 다른 이질적인 부분이라 단정할 필요는 없다.

'다윗의 무너지는 장막'이란 다윗이 다스리던 통일왕국을 가리킨다. 하나님께서 다윗 시대와 같이 이스라엘을 다시 회복시키실 것이라는 예언이다. 그리고 에돔을 비롯하여 다윗 시대에 점령했던 국가들, 즉 블레셋과 모압과 암몬을 다시 통치하게 될 것이라는 것이다. '에돔의 남은 자'란 약화된 에돔을 가리키는 표현으로 여겨진다. 그런데 11-12절은 사도행전 15장 16-17절에 인용되었다. 사도행전에서는 이방인에게 복음이 전파되어 많은 사람들이 하나님께 돌아오는 사건을 예언한 것으로 11-12절을 해석하였다.

13절은 풍성한 추수를 묘사한 것이다. 추수할 곡식이 너무 많아 이미 밭을 갈아 새로운 농사를 시작할 때도 여전히 추수를 하고 있는 광경을 가리킨다. 그리고 포도도 수확량이 많아서 포도 추수가 길어지고 있는 모습을 묘사한 것이다. 가을에 비가 내리면 씨앗을 뿌리는데 그 때까지도 포도 수확이 계속될 정도로 포도 농사가 풍년이라는 것이다. 산과 언덕에 포도원들이 있는데 모두 풍성한 수확으로 포도 열매의 달콤한 냄새가 진동하는 광경을 묘사한 것이다.

Knox Press, 1995), 199; W. R. Harper, *A Critical and Exegetical Commentary on Amos and Hosea* (New York: Scribers, 1905), 198.

14절은 포로의 귀환을 이야기 하고 있으니 바벨론 포로가 귀환한 페르시아 시대를 배경한 것이며 후대에 삽입한 것이라 해석하는 경향이 있다. 그러나 이스라엘 역사를 살펴보면 수많은 전쟁과 포로 그리고 간혹 귀환하는 일도 일어난다. 귀환이라는 단어만 나오면 무조건 바벨론 포로에서 귀환하는 것이라고 단정 지을 수는 없는 것이다. 이 귀환은 이스라엘 역사상 다른 사건을 예언한 것일 수도 있다.

귀환해서 행복하게 사는 모습을 묘사할 때 포도원을 경작하고 과수원을 일구어서 그 열매를 먹는 모습을 보여주고 있다. 평범한 농부의 일상이다. 그런데 그 평범한 것이 바로 행복인 것이다. 구약에는 여러 곳에서 이상적이며 행복한 삶을 묘사한 부분을 발견할 수 있다. 그런데 그 모습들이 대부분 이와 같은 평범한 일상을 묘사해 놓고 그 삶이 행복한 것이라 이야기 한다(사 65:21; 미 4:4). 평범한 일상이 얼마나 감사한 일인지를 다시 한 번 깨닫게 해주는 말씀이다.

땅은 삶의 터전이며 평범한 삶의 바탕이다. 땅에서 추방되지 않고 계속 살 수 있다는 하나님의 약속은 가장 근본적인 것을 제공해 주시는 하나님의 선물이다. 아모스 예언(설교)의 마지막을 장식하는 이미지가 땅에 대한 하나님의 약속인 것은 우연이 아니다. 이스라엘 백성이 처음부터 소원했던 약속의 땅에 대한 기도가 하나님의 은혜로 이루어졌으며, 그 땅에 다시 살 수 있게 되는 것도 하나님의 은혜로 이루어질 것이다. 문헌으로 전해진 아모스는 땅에 대한 약속으로 끝이 나지만 아모스는 여기서 끝나지 않는다. 그 다음 이어질 것은 하나님의 은혜의 약속에 대한 감사와 찬양의 소리이다. 그 것은 이스라엘 백성이 이어갈 몫이며, 오늘날 우리가 불러야 할 찬송이다. 성경은 언제나 열려있으며 그것을 이어가는 사람들은 성경을 읽고 해석하는 사람들이다.

| 제3부 |

예언서 해석

제3부 예언서 해석

제1장 달리는 사람들의 이야기
사무엘하 18:19-33

사울의 모든 세력을 제거하고 예루살렘에서 왕으로 등극한 다윗. 수 많은 전투에서 종횡무진하며 승리를 쟁취했던 다윗. 하나님의 궤인 법궤를 예루살렘으로 들여올 때 기뻐서 춤추던 다윗. 그러나 자녀 문제만큼은 쉽지 않았다. 아들이 또 다른 아들을 죽인 참상이 일어났다. 다윗의 아들 압살롬이 또 다른 아들 암논을 죽인 것이다. 더구나 그 압살롬이 이제는 아버지인 자기를 향해 반역의 창끝을 겨누고 있다. 아버지의 군대와 아들의 군대가 전장에서 사생결단을 하며 맞붙어 싸웠다. 결과는 아버지 군대의 승리요 아들 군대의 참패였다. 더구나 압살롬은 창에 찔리고 칼에 맞아 무참히 죽어갔다.

다윗은 이번에도 승리했고 왕의 자리를 지켰다. 그러나 아들의 목숨을 빼앗아 그 자리를 지켰다. 아무리 정당방위라 소리쳐 보아도 아버지 가슴에 흐르는 피 눈물을 멈추게 할 수는 없었다. "내 아들아 압살롬아 내 아들 압살롬아... 압살롬 내 아들아 내 아들아"(삼하 18:33) 연거푸 부르며 비명을 지르는 아버지의 모습 속에 우리의 모습이 겹쳐지는 것은 무슨 조화인가?

I. 본문의 구조

1. 승전보를 전하러 달려가는 두 사람	19-23절
2. 파수꾼이 발견한 전령 두 사람	24-27절
3. 전령으로부터 소식을 듣는 다윗	28-32절
4. 통곡하는 다윗	33절

히브리어 성서(MT)에는 개역개정의 18장 33절이 19장 1절로 구분되어 있다. 내용 면에서도 MT의 구분이 타당한 것으로 보인다. 즉 개역개정의 18:33-19:8a 부분은 아들의 죽음 소식을 듣고 비통해 하는 다윗의 모습을 그려놓았기 때문에 18장 33절이 19장 1절로 배열되는 것이 자연스럽다. 만일 압살롬이 죽었다는 소식을 듣고 통곡하는 아버지 다윗의 모습을 넣어서 해석한다면 그 해석단위로는 18:9-19:8a로 구분하는 것이 적합하다. 그러나 예배 가운데 읽기에는 너무 길기 때문에 18:19-33로 축소하여 정하는 것도 하나의 방법으로 취할 수 있다. 다만 19:1-8a 부분을 염두에 두면서 본문을 해석할 필요가 있다. 또한 18:33-19:8a 부분은 13장부터 시작되는 압살롬설화의 마지막 부분이기도 하다.

II. 본문 해석

1. 승전보를 전하러 달려가는 두 사람 (19-23절)

압살롬이 이끄는 반란군은 요압의 군대에 의해 평정되었으며 압살롬은 상수리 나무에 걸려 포위되어 버렸다. 그러나 군인들은 왕의 아들을 직접 죽이기를 꺼려하였다. 냉정하고 상황판단이 빠른 요압은 직접 자기 손으로 압살롬을 죽였다. 압살롬을 보호해 달라는 다윗 왕의 지시를 받았지만 반란의 근원을 뿌리채 뽑아버리겠다는 의도에서 압살롬을 과감하게 죽인 것이다.

다음 단계는 다윗 왕에게 승전보를 전하는 일이었다. 출세할 기회를 엿보고 있던 영리한 아히마아스는 그 행운의 역할을 자기가 담당하겠다고 나섰다. 그러나 아히마아스를 아끼는 요압은 그 역할이 행운을 가져다 주는 역할이 아님을 지적해 주었다. 우선 아히마아스의 말을 들어보자 "청컨대 나로 빨리 왕에게 가서 야웨께서 왕의 원수 갚아 주신 소식을 전하게 하소서"(19절). 이 가운데 "야웨께서 왕의 원수 갚아"라는 부분을 히브리어 성경(MT)에서 직역하면 "야웨께서 대적하던 자들의 손에서 원수를 갚아"라고 번역할 수 있다. 나중에 구스(이디오피아)인이 다윗 왕에게 보고하던 내용인 "야웨께서 ... 대적하던 모든 원수를 갚으셨나이다"(31절)라는 보고내용과 일치하는 문장이다. 동일하게 "원수갚다"로 번역되는 샤파트(שפט)라는 단어를 사용하고 있다. 즉 아히마아스가 요압의 충고를 듣기 전에 달려갔더라면 아마도 구스인과 마찬가지로 다윗 왕을 슬프게 하는 소식을 전했을 것이다. 그러나 요압을 말을 듣고서 아히마아스는 소식의 내용을 승전소식으로 국한시키고 압살롬의 죽음을 말하지 않았다.

19절 첫 단어는 아히마아스이다. 아히마아스는 제사장 사독의 아들로 나타난다. 그러나 아히마아스가 제사장으로 활동한 흔적은 없다. 주로 전령의 역할을 한 것으로 나타난다. 본문에 처음부터 등장하는 인물 아히마아스는 요압이 가지 말라는 충고를 듣고서도 굳이 보내 달라고 요청하였다. 영리한 아히마아스는 다윗을 기쁘게하고 칭찬을 들을 수 있는 것이 무엇인지 간파한 것이다.

19절부터 자주 반복되는 단어는 '달리다'라는 뜻의 라차(רצה)이다. 라차는 19, 21, 22(2회), 23(3회), 24, 26, 27(2회), 28절 등 12회 나타난다. 이렇게 자주 '달리다'라는 단어가 나타난다는 것은 본문 전체에 있어서 '달리다'라는 이미지가 아주 강하게 부각되어있다는 뜻이다. 한마디로 본문은 "달리는 사람들의 이야기"로 제목을 붙여도 될 만하다. 중요한 것은 누가 언제 어디에서 어디로 어떻게 무엇하러 달려가느냐 하는 것이다.

23절에 보면 늦게 출발한 아히마아스가 구스 사람보다 앞서서 달리고 있다. 전쟁터는 에브라임 수풀(삼하 18:6)이요 다윗이 기다리는 곳은 마하나임이었다(삼하 17:24-27). 마하나임은 요단강 동편 길르앗 땅에 있었다. 그런데 에브라임 수풀이 어디 있었는지 불분명하다. 다만 압살롬의 군대가 요단강을 건너 왔다는 보고가 있었으므로(삼하 17:24) 에브라임 수풀도 요단강 동편 마하나님 근방으로 추정할 수 있다. 따라서 전쟁터와 다윗이 기다리고 있었던 마하나님 사이의 거리는 그렇게 먼 거리는 아니었다. 아히마아스의 달음질 속도가 더 빠르든지 혹은 외국인 구스인보다 그 지역 지리에 더 밝았는 지는 알 수 없으나 아히마아스가 구스인보다 먼저 다윗에게 도착하여 승전보를 전하였다.

2. 파수꾼이 발견한 전령 두 사람 (24-27절)

본문에서 자주 반복되는 단어는 "소식을 전하다"라는 뜻의 바사르(בשׂר) 혹은 명사형인 브소라(בשׂרה)이다. 19, 20(2회), 25, 26, 27, 31절에 나타난다. 본문에는 전령 두 사람이 어떤 소식을 어떻게 전하느냐가 초미의 관심사로 등장하고 있다. 따라서 '소식'이라는 단어가 자주 등장할 수밖에 없다. 동시에 소식 자체가 갈등과 위기 상황을 조성하는 요인으로 등장한다. 즉 전쟁에서 승리한 승전보는 다윗이 기뻐하는 소식이었지만 압살롬이 죽었다는 소식은 다윗에게 큰 상처를 주는 소식이었다.

소식을 기다리는 사람은 다윗이었다. 파수꾼이 전령이 온다는 보고를 할 때 마다 다윗은 직접 대답하며 소식을 초조하게 기다리고 있었다. 첫 전령이 사독의 아들 아히마아스같다고 보고하자 다윗은 크게 기대하며 "좋은 소식"일 것이라 대답하였다; "저는 좋은 사람이니 좋은 소식을 가져오느니라"(27절). 무슨 근거로 다윗은 이러한 기대를 할 수 있었는가? 아히마아스는 제사장 사독의 아들로 다윗 옆에서 전령의 역할을 하며 충성스럽게 다윗을 도왔다. 따라서 다윗은 이번에도 충성스러운 아히마아스가 긍정적인 뉴스를 가져올 것이라 기대해 보는 것이다. 보다 더 선명하게 드러나는 것은 초조하게 승리의 소식을 기다리면서도 압살롬이 살아있기를 바라는, 거의 불가능에 가까운 기대를 하고 있는 다윗의 마음이다.

3. 전령으로부터 소식을 듣는 다윗 (28-32절)

아히마아스가 성문에 도착하여 다윗 왕에게 보고할 때, 첫마디는

샬롬(שלום)이었다. 이 말은 인사말 즉 "안녕하십니까"라는 말도 되지만 자신이 보고할 내용을 요약한 말로도 볼 수 있다. 즉 긍정적인 기쁜 뉴스라는 것이다. 그리고 아히마아스는 하나님을 찬양하였다; "왕의 하나님 야웨를 찬양하리로소이다"(28절). 그리고 승리했다는 내용을 보고하였다. 이 보고 내용은 요압에게 처음으로 전령으로 가서 보고하겠다는 내용과는 차이가 있고, 압살롬의 죽음 소식을 포함시키지 않으려는 의도를 엿볼 수 있는 보고내용이다. 즉 "원수를 갚다"라는 단어인 샤파트(שפט)라는 단어를 사용하지 않았다.

한편 구스인은 다윗 왕에게 인사를 한 후 보고할 때 첫마디로 '샤파트'라는 용어를 사용하였다. 처참한 살육의 현장을 연상시키는 단어를 사용한 것이다. 당연히 다윗은 걱정스러운 마음에서 "소년 압살롬이 잘 있느냐"고 묻게 된다. 아들의 생사여부를 묻는 아버지의 심정을 헤아리지 못하고 충직하기만 한 구스인은 압살롬의 죽음을 신나게 바로 보고하였다.

여기서 한 가지 짚고 넘어가야 할 것은 아히마아스가 압살롬의 사망 소식을 정말 몰랐는가 아니면 의도적으로 숨기고 거짓 보고한 것이냐 하는 물음이다. 아히마아스가 압살롬의 죽음을 모르고 있었다는 것은 말이 되지 않는다. 20절에 보면 요압이 "왕의 아들이 죽었다"고 아히마아스에게 이미 알려 주었기 때문이다. 결국 아히마아스는 "소년 압살롬이 잘 있느냐"라는 왕의 질문에 대해, 즉 압살롬의 생사여부에 대해 대답을 하지 않고 "모른다"는 말로 회피해 버렸다. 다윗은 아히마아스에게 "물러나 곁에 서 있으라"고 지시했다. 아히마아스는 큰 상급을 받지 못했을 지라도 다윗으로부터 충성된 신하로 인정을 받았고 "왕과 가까이 있을 수 있는" 적절한 대우도 받은 것으로 보인다.

아히마아스가 위기를 모면하는 장면을 보면서, 이야기의 흐름을 따라가는 독자들은 갈등 상황이 전개되었는데 마지막에는 그 갈등이 해소되는 면을 발견할 수 있다. 즉 요압의 만류에도 불구하고 부득부득 소식을 전하겠다는 아히마아스의 행동에 보상은커녕 위험이 닥쳐올 수도 있을 것이라는 예측을 할 수 있다. 왜냐하면 다윗이 나쁜 소식을 접하고는 전령을 살해한 경우가 있었기 때문이다(삼하 1:1-16). 그러나 영리하게 행동해서 위험을 모면하고 대접을 받는 아히마아스의 행동 때문에 갈등이 해소되는 느낌을 느낄 수 있다.

4. 통곡하는 다윗 (33절)

구스인 전령으로부터 압살롬의 죽음을 보고받은 다윗은 아들을 잃은 아버지의 비통한 가슴을 안고 통곡할 수밖에 없었다. 『개역』에는 그 심경을 "마음이 심히 아프다"고 번역하였다(33절). 그러나 히브리어 성경(MT)에서는 라가즈(רגז)라는 한 단어를 사용하였다. 즉 "충격을 받았다" 혹은 "흔들리다" 등으로 다윗의 마음을 묘사하였다. "내 아들아 내 아들아"하면서 소리치는 다윗의 모습에 비해 해설자(narrator)의 말은 상당히 간결하면서도 침착한 면이 있음을 볼 수 있다. 다윗이 통곡하는 모습과 왕의 이러한 태도 때문에 발생되는 사건은 19장 8a절까지 이어진다.

III. 달려가는 사람들의 이야기

본문은 불과 15절 밖에 되지 않지만 "달리다"라는 뜻의 라차(רצה)

단어가 12회나 나타난다. 따라서 "달리는 사람들"을 주목한다면 본문의 핵심적인 주제와 메시지를 발견할 가능성이 높다.

본문에서 달려가는 사람들은 전령으로 달려가는 아히마아스와 이름 없는 구스 사람 뿐이다. 그러나 다윗도 웅대한 왕국을 꿈꾸며 달려가는 사람이고, 요압도 다윗 휘하의 제1인자의 권세를 누리기 위해 부단히 달려가는 사람이다. 파수꾼이나 성문지기는 나름데로 자기 소임을 다하면서 자신의 인생 길목에서 열심히 달려가는 사람들이다. 따라서 단순히 등장인물을 분석하기 보다 "달려가는 사람들"을 분석하는 것이 메시지를 확인하기 위한 지름길이라 여겨진다.

본문에 등장하는 인물을 보면 다윗과 아히마아스가 단연 주인공으로 등장하지만 요압과 또 다른 전령인 구스 사람, 그리고 성문에서 전령을 발견한 파수꾼, 그리고 성문지기의 등장도 주목할 만하다. 그리고 관심의 초점인 인물 압살롬을 이야기할 수밖에 없다.

1. 이름 없는 마라토너

구스인은 누구인가? 아마도 다윗의 군대에 소속된 외국인 용병으로 짐작된다. 그는 상관의 명령을 철저히 따르는 군인이었다. 전령으로서도 정확하게 자신의 임무를 수행하였다. 그러나 충성된 그에게 돌아온 것은 상급이 아니라 왕의 실망하는 모습이었다. 왕의 아들 압살롬이 죽었다는 소식을 전했기 때문이다.

파수꾼은 성문 위에서 철저히 감시하고 있었다. 아히마아스가 달려오는 모습부터 구스인이 뒤따라오는 것까지 상세히 보고하였다. 때로는 문지기에게 때로는 왕에게 직접 보고를 하고 있다. 그러나 문지기가 말한 대목은 나타나지 않는다.

2. 얼굴 없는 마라토너

압살롬은 무대에 등장하지는 않았지만 대화 가운데 핵심적인 인물로 거론이 되고 있다. 압살롬도 왕의 자리를 차지하기 위해 감히 반란군을 일으킨 장본인이었다. 그것도 아버지를 제거하고 아들인 자기가 그 자리를 차지하겠다는 목표로 힘껏 달려가는 사람이었다. 위험한 달음질이다. 결국 창에 찔리고 칼에 맞아 죽었고 아버지의 가슴에도 아물기 힘든 상처를 남겼다. 많은 사람들의 생명을 앗아가는 전쟁을 일으킨 장본인이다. 동시에 아버지 다윗으로부터 사랑을 받고 있었던 아들이었다.

3. 왕과 아버지의 이름으로 달리는 다윗

가장 주목할 만한 인물은 다윗이다. 다윗은 성문에 앉아 있었다. 초조하게 전쟁 소식을 기다리는 빛이 역력하다. 파수꾼이 왕에게 직접 보고하고 있다. 그 때마다 왕은 자신의 생각을 말하고 있다. 마치 파수꾼과 대화하듯 이야기하고 있다. 심지어 파수꾼이 문지기에게 보고하고 있는데 문지기가 왕에게 전달하는 과정은 생략이 되어 있고 다윗이 직접 대답을 하는 모습도 보인다. 소식을 기다리는 다윗의 초조한 심경을 느낄 수 있게 해주는 대목이다. 파수꾼이 전령을 아히마아스같다고 보고하자 왕은 "좋은 사람이니 좋은 소식을 가져오느니라"(27절)고 응답하였다. 무슨 근거로 이렇게 말하는지 그 연유에 대해서는 밝히지 않았다. 아마도 좋은 소식을 간절히 바라는 왕의 마음이 반영된 것이라 여겨진다. 승전 소식도 중요하지만 압살롬이 살아있기를 바라는 마음일 것이다.

첫 번째 전령인 아히마아스를 맞이할 때 다윗의 첫 말은 "소년 압살롬이 잘 있느냐"(29절)였다. 승전에 대한 감격은 아들의 생사여부에 관한 관심 속에 금방 묻혀버렸다. 모르겠다고 영리하게 대답하는 아히마아스를 옆에 세워두고 두 번째 전령인 구스인을 맞이할 때도 다윗은 동일하게 "소년 압살롬이 잘 있느냐"(32절)고 거듭 물었다. 다윗의 관심은 압살롬의 생사여부에 집중되어 있었다. 두 번 모두 압살롬 앞에 '소년'이라는 단어가 나타난다. '소년'은 히브리어 나아르(נער)를 번역한 것이다. 나아르는 소년 혹은 청년을 가리키는 단어이며 사환(엘리사의 사환 게하시, 왕하5장) 혹은 대신들을 '심복'이나 '부하'라는 의미로 부를 때도 사용되는 단어이다. 압살롬을 적군의 두목으로 보는 것이 아니라 어린 아들로 보는 것이다. 애타는 아버지의 심경이 반영된 표현이다.

두 번째 전령인 구스인은 충직하였을 뿐 압살롬의 아버지로서의 다윗의 심경을 알지 못하였다. 아주 신이 나서 압살롬이 죽었다는 소식을 바로 보고하였다. 아들이 비참하게 죽었다는 소식을 듣고 다윗은 비통한 가슴을 안은 체 성문 위의 방에 들어가서 통곡하였다. "내가 너를 대신하여 죽었더면"(33절)하면서 차라리 왕의 자리보다 아버지의 위치가 더 사람다운 자리임을 실토하였다. 그러나 이미 일은 쏟아진 물이요 돌이킬 수는 없었다. 아들을 죽인 아버지의 찢어진 가슴은 "내 아들 압살롬아... 압살롬 내 아들아 내 아들아"하는 통곡으로 메아리치고 있었다.

피를 흘려서라도 왕권을 지켜야한다는 집념, 아들을 죽여서라도 잃어버린 왕권을 다시 찾아야 한다는 일념 등이 이러한 통곡을 야기 시켰다. 오늘날 우리의 세대에는 이러한 일들이 일어나고 있지 않는가? 올 해는 이라크에서 전쟁이 일어났다. 그 상처는 아직도 아물지 않았다. 팔이 잘리고 화상을 입은 체 누워 고통의 눈물을 흘리고 있는 이라크 어린이의 모습 속에 전쟁의 비참함이 나타난다. 왜 이런 일이 일어났는가? 올바른 방향을 잡지 못하고 무조건 달리기만 하는 욕망의 수레바퀴에 치인 것이다. 한 나라의 독재자와 세계 재패를 꿈꾸는 강대국이 몰고 가는 수레바퀴에 어이없게 희생되고 상처받은 어린 생명의 모습이다. 화려한 권력을 손에 쥐었는데 그 손에는 자기 아들의 피가 묻어있었던 것이다. 통곡 외에 무엇을 할 수 있겠는가?

4. 따뜻한 가슴을 잃어버린 마라토너

아히마아스는 요압에게 세 번이나 전령으로 달려갈 수 있도록 해달라고 간청하였다. 22절과 23절에는 "아무쪼록 달음질하겠노라"고 요청한다. 무조건 달려가게만 해달라고 간청하는 것이다. 한편 아들의 죽음을 맛보아야 하는 아버지로부터 기어이 보상을 받아내려는 아히마아스의 집요한 모습은, 따뜻한 가슴을 잃어버린 체 출세에 집착하여 힘껏 달리며 머리를 짜 내는 수많은 사람들의 모습을 떠올리게 한다.

요압은 다윗이 임명한 총사령관으로서 책임있게 전쟁을 승리로 이끌었다. 마지막에 다윗이 압살롬을 염려하는 줄 알면서도 자신이 직접 압살롬의 심장에 창을 찔러 죽여 완벽한 승리를 이루어내었다. 반란군을 평정하고 수석 대신으로서의 위치를 굳건히 다지며 출세가도를 달리는 실력자의 냉정한 모습이다. 그리고 구스인에게는 냉정하게 악역을 담당하도록 전령으로 파송하였다. 다만 예외적인 것은 또 다른 부하인 아히마아스에게는 부하를 아끼는 마음을 표시하였다. 왜 그랬을까? 아마도 인간적인 정이라기보다 아히마아스의 가문과 연관이 있어 보인다. 아히마아스는 제사장 사독의 아들이었다. 다윗의 측근이며 종교적 권력을 가지고 있는 제사장의 가문을 배려한다는 것은 요압이 제사장의 가문과 연대하여 자신의 세력을 유지하려는 전략적 행동으로 볼 수도 있다.

5. 하나님은 어디에?

아히마아스는 다윗 왕을 만나 먼저 하나님을 찬양하였다; "왕의 하나님 야웨를 찬양하리로소이다"(28절). 히브리어 성경(MT)을 보면 "당신의 하나님..."으로 되어 있다. 즉 다윗 왕의 신을 찬양하며 다윗 왕이 승리했다는 것을 다윗에게 암시해 주었다.

본문 가운데는 하나님의 역할이나 하나님이 직접 일을 하시는 장면이 나타나지 않는다. 그러나 하나님은 역사의 주인으로서 혹은 찬양을 받으시는 분으로 나타난다. 많은 사람들이 달려가고 있는 모습을 보시면서 하나님은 가만히 앉아계실까? 날마다 만물을 새롭게 창조하시는 하나님은 오늘도 일하고 계신다. 우주와 역사를 이끌어 가시는 하나님의 손길은 오늘도 바쁘다. 하나님도 어디론가 달려가는 모습을 보여주고 있다. 우리에게 필요한 것은 하나님의 달려가는 방향에 우리의 시선을 맞추고 그 방향으로 달리는 것이다. 그리고 하나님이 무엇을 위해 달리는지 그 까닭을 알고 달리는 목표를 하나님 목표에 맞춰서 올바로 설정하는 것이다.

6. 이름 없고 얼굴 없고 관심도 끌지 못하는 수많은 마라토너들

반란이 일어나고 군인들이 죽고 전쟁이 일어나 파괴와 방화와 약탈이 자행될 때 민간인들은 어떠했겠는가? 어린아이들과 여인들은 어떤 어려움을 겪었을까? 어떤 전쟁이 일어나든 최대의 피해자는 방어능력이 없고 힘이 약한 어린이와 여인들과 노인들이다. 왕의 자리를 두고 싸울 때, 아버지와 아들이 싸울 때 수많은 사람들이 더 큰 상처를 받고 있다.

IV. 설교를 위한 제언

1. 왕과 아버지

다윗은 왕의 자리를 다시 찾았다. 그러나 아버지로서는 실패했다. 권력은 손에 다시 쥐었지만 많은 생명들을 잃었다. 다윗의 경우 그의 인생을 결산할 때 손익계산서에는 플러스로 나타날까 마이너스로 나타날까? 왕의 자리가 더 중요한가 아니면 아버지의 위치가 중요한가? 일터가 더 중요한가 아니면 가정이 중요한가? 이처럼 인생의 길에는 결정하기 힘든 문제가 도사리고 있다. 그러나 결정하고 행동해야한다. 다른 길은 없다.

결정할 때 중요한 것은 판단의 기준인데, 판단의 기준을 인간의 합리성에 두기보다 하나님의 뜻에 두어야 한다. 하나님이 달려가는 방향과 내가 달리는 방향이 동일하도록 조정을 하는 결단과 노력이 있어야 한다. 정말 중요한 것을 잃어버리지 말아야 한다.

2. 기쁜 소식을 전하는 자의 축복

아히마아스는 "기쁜 소식을 전하는 자"가 되기 원해서 억지를 부렸다. 압살롬의 죽음을 의도적으로 감추고 승전의 소식만 전하였다. 당연히 다윗 왕의 총애를 받게 되었다. 그러나 아히마아스의 이러한 행동에는 문제가 있다. 자신의 이익만 집요하게 챙기는 사람의 표본이 된 것이다.

그러나 분명한 것은 아무 거리낌없이 기쁜 소식을 전할 수 있다면 그 사람은 축복받은 사람이다. 그 소식을 듣는 사람이 기쁘고 소식을 전해 주는 사람은 반갑고 고마운 사람이 되는 것이다. 복음은 기쁜 소식이다. 이 기쁜 소식을 전할 수 있는 사람은 축복받은 사람이다. 이 기회를 어떻게 놓칠 수 있겠는가? 아히마아스는 억지로라도 그 기회를 잡고자 했는데. 복음 전하는 기회를 놓치지 말자. 그리고 미루지 말자. 만약 한 발 늦었다고 생각하면 더 빨리 달려 그 기회를 잡는 열의도 보여야 한다.

> 좋은 소식을 가져오며 평화를 공포하며
> 복된 좋은 소식을 가져오며 구원을 공포하며
> 시온을 향해 이르기를 네 하나님이 통치하신다 하는 자의
> 산을 넘는 발이 어찌 그리 아름다운고 (사 52:7).

3. 열심히 달리는 것만으로는 충분하지 않다.

아히마아스도 달렸고 구스인도 달렸다. 그러나 구스인은 다윗 왕에게 실망을 안겨주는 사람이 되어 버렸고, 아마도 아히마아스는 상급을 받았을 것이다. 열심히 달렸는데, 누구보다 충성스럽게 책임을 완수했는데 구스인에게는 왜 이런 결과가 일어났는가? 달리는 것도 중요하지만 달려가서 무엇을 할 것인가 그 목표가 보다 더 중요하다.

인생을 참으로 열심히 살았는데 왜 나에게는 이런 불행한 일이 일어나는가? 부지런하고 열심히 노력하는 것만으로는 충분치 않다. 무엇을 위해 땀을 흘리는지를 먼저 살펴보아야 한다. 마라토너가 골인지점을 잘못알고 뛴다면 모두들 웃을 것이다. 다시 한 번 점검하자. 내가 무엇을 위해 지금 열심히 달리고 있는지를. 우리 아버지 하나님께서 달리는 방향을 바라보고 다시 나의 발걸음의 방향을 조정하고, 하나님의 목표를 확인하여 나도 하나님의 일에 동참하도록 하자.

제2장 살아있는 자 응답하라 – 엘리야와 갈멜산 열왕기상 18:20-39

본문(왕상 18:20-39)은 엘리야를 통한 하나님의 승리 기사(왕상 18:1-46) 중 핵심적인 부분이다. 북 이스라엘의 아합 왕이 통치하고 있었던 주전 9세기 중반(주전 868-854년)에는 바알 종교가 왕성하게 일어났다. 특별히 시돈의 공주였던 이세벨이 이스라엘의 왕후가 되면서 바알 종교는 그 기세가 한층 더 등등해졌다

엘리야는 이러한 아합 왕에게 수 년간 비가 내리지 않을 것이라는 예언을 하였고(왕상 17:1) 그 결과 이스라엘 땅에는 3년 이상이나 가뭄으로 인해 고통을 받고 있었다. 다시 하나님의 명령을 받은 엘리야는 아합을 만나 제안을 하였다. 즉 바알 선지자 450명과 아세라 선지자 400명을 갈멜 산으로 불러모아 바알과 야웨 중 누가 참 하나님인지 확인하자는 제안이었다. 이에 아합이 응하였고 갈멜산에는 바알과 아세라 선지자들과 백성들이 엘리야와 함께 모이게 되었다.

아합 왕이 포함된 오므리 왕조 시대에는 국제무역이 급성장하였고 왕실과 권력층들은 이러한 경제성장의 혜택을 받아 사치스러운 생활을 할 수 있었다. 그러나 농촌지역의 백성들은 국제무역업을 하지 않았고 농업과 목축을 하고 있었기 때문에 상대적인 박탈감을 느낄 수 밖에 없었다. 이스라엘에는 빈부 격차가 심했고 야웨를 섬기던 농촌지역의 많은 백성들이 좌절감을 느끼고 있었다. 즉 권력층들이 섬기는 바알을 섬겨야 더 풍요로운 경제생활을 할 수 있지 않겠는가라는 회의가 팽배해 있었던 시대였다.

이 때 엘리야는 하나님의 명령을 받아 야웨 하나님이 참 하나님이라

는 진리를 갈멜산 위에서 명백히 보여준 것이다.

I. 해석

본문은 갈멜 산상의 대결을 준비하는 내용(20-24절)과 실제 대결이 진행되는 부분(25-39절)으로 크게 나누어진다.

본문을 관통하는 가장 중요한 주제는 명백하다. 바알은 헛것이며 우상이요 야웨는 살아계신 하나님이시다 라는 주제이다. 바알은 아무것도 아니기 때문에 대답을 할 수 없고 능력을 행할 수 없다. 따라서 바알을 섬기는 자는 어리석은 사람이요 헛수고만 할 뿐이다.

본문을 읽어보면 또 다른 특이한 점을 발견할 수 있다. 본문을 좀 더 세밀히 살펴보면 사건을 설명하는 해설자와 엘리야 그리고 백성들이 등장하여 해설하고 대화하는 모습을 발견할 수 있다. 우선 눈에 띄는 것은, 대결 상대인 850명의 바알과 아세라 선지자들과 엘리야가 대화할 것으로 예상할 수 있는데 실제 바알과 아세라 선지자의 목소리는 전혀 들을 수 없다는 점이다. 오직 엘리야와 백성들 간의 대화만 나타난다. 또한 엘리야가 질문하고 백성들이 답변하는 형식으로 진행되고 있다. 이러한 광경에서 발견할 수 있는 것은 이 설화에서는 백성의 비중이 높고 백성의 태도 변화를 크게 중요시 여기고 있다는 사실이다. 바알과 아세라 선지자들은 조연에 불과하고 주연급이 아님을 보여주고 있다.

그러면 갈멜산상에서 대결한 사건의 또 다른 목적은 무엇인가? 표면적으로는 바알과 아세라 선지자들이 엘리야에게 패배했다는 사실, 그로인해 바알은 우상에 불과하고 참 하나님은 야웨라는 사실이 명백히 드러난 것이다. 이에 덧붙여 이 사건이 목표로 하고 있는 또 다른 중요한 것이 있다. 그것은 백성들로 하여금 야웨만 참 하나님임을 깨닫게 해주고 야웨 하나님을 신뢰할 수 있도록 신앙교육을 시키려는 것이었다.

이러한 두 번째 목적이 있었기에 엘리야는 다소 엉뚱한 행동을 하였다. 즉 네 통에 물을 가득 담아 제단 위에 부으라고 하였고 그것도 세 차례나 계속하게 하였다. 결국 12통의 물을 제단에 부었으며 이로 인해 제단과 제단 주변은 물로 흠뻑 적셔졌고 제단 주위의 도랑에는 물이 가득 찼다. 지금 엘리야가 당면한 문제는 제단 위에 불이 내려와 제물을 태워야 되는 것이며 이를 위해서는 오히려 마른 나무가 필요한 상황이었다. 그런데 엘리야는 반대로 물을 붓고 있었던 것이다.

엘리야는 왜 이러한 행동을 하였는가? 제단 위의 제물을 불로 태우는 것은 참 하나님이신 야웨만 하실 수 있는 것이지 인간의 재주로 되어진 것이 아님을 명백히 백성에게 보여주려고 물을 부은 것이다. 즉 야웨의 능력을 확실히 보여주려는 것이며 이로 인해 백성들의 마음을 야웨께 인도하려는 것이었다.

엘리야는 850:1이라는 고통스러운 상황을 어려움으로만 여기지 않고 그것을 또 다른 기회로 활용하였다. 승리는 하나님이 주실 것이라는 확고한 믿음이 있었기에 엘리야는 마치 개선장군과 같은 행보를 하였고 여유를 보였다. 그리고 그 어려운 상황을 백성을 교육시키는 새로운 기회로 활용하였다.

위와 같은 두 가지의 핵심적인 내용을 명료하게 만드는 단서들이 있다. 우선 형식상 요청(질문)과 대답이 반복되어 나타난다. 엘리야가 요청(질문)하고 백성이 대답하는 것이다. 엘리야의 첫 번째 요청 즉 야웨와 바알 사이에서 머뭇거리지 말고 한 편을 택하라고 요구할 때 백성은 묵묵부답이었다(21절). 그런데 엘리야가 대결 규칙을 제시할 때는 백성들이 "그 말이 옳다"하며 동의하였다(24절). 지켜보겠다는 백성의 태도는 구경꾼의 태도 같다. 그러나 엘리야의 기도에 하나님께서 불로 응답하시는 것을 보고 백성들은 엎드려 반복하여 응답한다; "야웨 그는 하나님이시로다. 야웨 그는 하나님이시로다"(39절).

'응답하다(아나 ענה)'라는 단어는 자주 반복되는 본문의 핵심적인 단어이다. 우선 응답하면 살아있다는 뜻이다. 하루 종일 수 없이 부르짖었지만 "응답하지 못한" 바알은 헛것이요 죽어있는 것이다. 그러나 불로써 응답하시는 야웨 하나님은 살아계심이 증명되었다. 백성들도 마찬가지다. 백성들의 응답이 터져나오는 그 순간 백성은 하나님 앞에서 살아있는 존재가 된 것이다(39절). 한마디도 대답 못한 백성은 대답 못하는 바알과 같이 죽어있는 백성이라면(21절), 감동하여 응답하는 백성은 살아있는 백성이라 할 수 있다(39절).

II. 설교 구성을 위한 제언

1) 야웨 하나님은 살아계셔서 응답하시는 분이시다.

엘리야의 기도에 응답하시는 분, 그 분은 오늘도 성도들의 기도에 응답하시는 분이시다. 응답의 내용과 형식과 시기는 하나님께서 선택하시는 것이지만 하나님은 반드시 응답하시는 분이시다. 응답하시는 하나님을 통해 우리의 믿음은 더욱 강화될 것이다.

2) 어려움을 기회로 - 승리는 하나님이 주시는 것이요 우리는 하나님의 영광을 높이는 일을 도모해야 한다.

악과 싸울 때 승리에 대해 염려할 필요가 없다. 왜냐하면 악은 결국 하나님에 의해 패망할 것이기 때문이다. 우리는 승리를 확신하며 그 믿음 위에 하나님의 이름을 높이는 일에 열중해야 한다.

850:1 이라는 바알과 아세라 선지자와 엘리야의 대결은 아주 어려운 상황이었다. 그럼에도 불구하고 엘리야는 승리를 주실 하나님을 믿고 그 어려움을 새로운 기회로 삼았다. 즉 그 어려운 상황에도 백성들을 야웨 하나님께로 인도하는 일에 몰두하여 새로운 신앙교육의 장을 열었다.

3) 살아있는 자 응답하라

응답한다는 것은 살아있다는 표시이다. 우리가 성도로서 살아있다면 하나님의 목소리에 응답해야 한다. 그리고 성도로서 서로 서로 응답할 수 있는 모습이 되어야 한다. 그래야 그 공동체가 살아있는 공동체가 될 수 있는 것이다. 또한 이 사회의 요청과 질문에 응답할 수 있을 때 교회의 신앙공동체는 살아있는 공동체가 될 수 있을 것이다.

제3장 귀를 기울여 듣는 마음 – 솔로몬 왕의 지혜
열왕기상 2:10–12; 3:3–14

솔로몬 왕은 지혜의 왕으로 널리 알려진 왕이다. 그는 지혜로운 재판관으로서 누가 아기의 어머니인지 정확하게 판결을 한 유명한 이야기도 있다(왕상 3:16-28). 그의 지혜는 국제적으로도 알려져 스바 여왕이 솔로몬을 만나러 왔으며 솔로몬의 지혜에 감탄해 마지않았다(왕상 10장). 솔로몬의 지혜는 과연 어떤 지혜였는가? 본문은 그 지혜의 정체를 밝혀주며 이상적인 통치자 혹은 지도자의 모델을 제시해 주고 있다.

I. 본문의 배경과 형식

열왕기상의 저자는 신명기적 역사가로 알려져 있다. 신명기적 역사가는 유다가 멸망한 후 바벨론 포로시기에 왜 유다가 멸망했는지 그리고 장래 희망이 무엇인지에 대해 질문하면서 그 답을 제시하고자 하였다. 따라서 신명기적 역사가가 저술한 책들에는 이스라엘 백성과 왕들의 잘한 면과 잘못한 면이 모두 기록되어 있으며 이상적인 왕과 백성의 모델도 제시하고 있다.

또한 신명기적 역사가는 다윗 왕조를 하나님께서 택하신 왕조로 인정하였으며 예루살렘과 다윗 왕조 중심의 역사관을 가지고 있었다. 이러한 저자가 다윗의 아들 솔로몬 왕의 지혜에 대해서 이야기 한다면 아주 기쁜 마음으로 기록하였을 것으로 짐작된다. 동시에 왕이 가져야할 진정한 지혜가 무엇인지에 대해서도 이야기 하고 싶어할 것으로 짐작된다. 본문에는 이러한 내용이 자세히 기록되어 있다.

2장 10-12절은 솔로몬이 왕위를 계승하는 이야기 즉 "왕위 계승 설화(throne-succession narrative)"의 14개 에피소드 가운데 마지막 에피소드(왕상 2:1-46)의 한 부분이다. 왕위 계승 설화는 사무엘하 9장부터 시작하여 열왕기상 2장까지 이어지는 긴 이야기이다. 다윗 왕과 밧세바와의 관계에서부터 시작하여 압살롬의 반란과 세바의 반란에 이어 솔로몬의 왕위계승이 확정이 되고 그 지위가 든든해지기까지의 이야기가 전개된다. 다윗에 이어 왕좌에 앉은 솔로몬의 왕위가 견고할 뿐 만 아니라 지혜의 왕이라는 사실이 크게 강조되어 있다(3:3-14). 솔로몬은 하나님으로부터 지혜를 받은 것이다. 그것도 기브온 산당에서 꿈에 하나님께서 주신 것이었다.

산당에 대해서는 성경에 긍정적으로 평가하는 견해와 부정적으로 평가하는 견해가 함께 있는 것을 발견할 수 있다. 사무엘이 있었던 실로 성소도 산당이요 솔로몬이 제사를 드렸던 기브온도 산당이었다. 예루살렘 성전이 건축되기 전에는 모든 성소가 산당이었다. 따라서 이러한 산당을 부정적으로 평가할 이유는 없다. 그리고 예루살렘 성전이 건축되고 나서는 모든 지방 성전들이 산당이었다. 산당이 부정적으로 평가된 이유는 산당에서 혼합종교가 성행했기 때문이며 예루살렘 성전 중심의 사고가 있었기 때문이다.

본문에 나타나는 기브온 산당은 베냐민 지파에 있었던 큰 성전으로 왕이 제사를 드리는 성전이었다. 이 산당을 부정적으로 평가할 이유는 없다. 바로 그 산당에서 솔로몬은 하나님께 제사를 드렸다. 그리고 바로 그 산당에 하나님께서 나타나셔서 솔로몬에게 지혜를 주셨다.

II. 해석

기브온 산당에서 드린 일천(?) 번제 (4절)

개역개정에 솔로몬 왕이 일천 번제를 드렸다고 번역되어 있다. '일천'이라 번역한 엘레프(אלף)는 숫자로 1,000을 가리키기는 단어이며 때로는 "많은, 성대한"의 의미를 나타내는 단어이기도 하다. 또한 이 단어는 "한 텐트 안에 있는 인원" 혹은 "(군대의) 일개 분대" 정도의 수를 가리키기도 한다. 이 경우에는 기껏 열명 남짓한 인원을 가리키는 단어가 된다.

그리고 기브온 산당의 상황도 살펴볼 필요가 있나. 왜냐하면 왕이 번제를 드릴 때는 주로 황소와 양을를드리는데 황소와 양의 번제의 경우 태우는 시간 만해도 상당한 시간이 소요된다. 여러 번제단이 있어야 1,000 번제를 드릴 수 있는 것이다. 예루살렘 성전에는 기본적으로 번제단은 하나였다. 기브온 산당에 제단이 많이 있었을 수는 있어도 기본적으로 하나의 번제단이 있었을 것으로 짐작할 수 있다. 왜냐하면 "그 단에 일천번제를 드렸다"고 했는데 "그 단"은 단수이기 때문이다.

위의 단어 '엘레프'의 의미와 기브온 번제단 상황을 종합하여 볼 때 한 제단에서 1,000 마리의 번제를 계속 드렸다는 것은 납득하기 힘든다. 왕이 기브온 산당에서 3년 이상을 머물러 있기도 힘들며, 당시 경제 규모를 살펴볼 때 아무리 왕이지만 1,000마리의 황소와 양을 불살라 드린다는 것은 이해하기 힘든다. 오히려 "엘레프 번제"를 "성대한 번제"라 이해하는 것이 설득력이 있다. 번제물의 숫자도 많을 뿐 만 아니라 왕의 신분에 걸맞게 그리고 정성을 들여 번제를 드렸다고 볼 수 있다.

그리고 성대한 번제를 드렸기 때문에 하나님께서 나타나신 것은 아니다. 개역개정은 4-5절에 "...일천 번제를 드렸더니 기브온에 밤에 여호와께서 솔로몬의 꿈에 나타나시니라"고 번역하여 마치 번제를 드렸기 때문에 하나님께서 나타나신 것으로 오해할 여지를 제공하고 있다. 히브리어 성경에는 4-5절이 연결되어 있지 않다. 4절의 문장은 4절에서 끝이 난다; "...성대한(엘레프) 번제를 드렸더라." 물론 정성들여 번제를 드린 것을 하나님께서 기뻐하셨을 것이다. 그러나 그 제사는 감사제사이며 그 제사 때문에 하나님께서 나타나신 것은 아니다.

솔로몬이 하나님께 구한 것은 무엇이었는가?(6-9절)

솔로몬이 하나님께 '지혜'를 구했다고 알려져 있다. 그러나 본문에 나타난 단어를 보면 조금 차이가 있음을 발견할 수 있다. 9절을 히브리어 성경에서 다시 번역하여 개역의 번역과 비교하면 다음과 같다;

> 좋고 나쁜 것을 분별할 수 있도록, 당신(주님)의 백성을 재판할 수 있도록 당신(주님)의 종에게 듣는 마음을 주옵소서. 왜냐하면 누가 이 많은 백성을 재판할 수 있겠습니까?

> 누가 주의 이 많은 백성을 재판할 수 있사오리이까 지혜로운 마음을 종에게 주사주의 백성을 재판하여 선악을 분별하게 하옵소서 (개역)

개역에 '지혜로운 마음'으로 번역된 히브리어 구절은 "레브 쇼메아

(לב שמע)" 즉 "듣는 마음"이다. 왜 솔로몬은 "듣는 것"을 이렇게 강조했을까? 솔로몬은 하나님께서 "무엇을 줄꼬 너는 구하라"(5절)고 했을 때 먼저 자신의 부족함을 고백하였다. "종은 작은 아이라 출입할 줄을 알지 못하고"(7절) 하면서 경험이 부족하고 능력이 부족함을 고백하였다. 이 후에 솔로몬은 "저는 당신이 선택하신 백성 한 가운데 있습니다"(8절)라고 자신의 위치를 말하면서 하나님께 필요한 것을 간구하였다.

솔로몬은 자신의 위치가 왕이었지만 백성 위에 자신을 위치시키지 않았다. "백성 한 가운데" 자신을 위치시켰다(8절). 보통 당시의 왕들은 자신을 신(神)의 아들 혹은 신(神)이라 부르게 하면서 자신을 백성과 동일하게 위치시키지 않았다. 그러나 이스라엘의 전통은 왕도 백성 가운데 한 사람이지만 하나님께서 선택하여 임명하시는 것으로 이해하였다. 이러한 전통을 따라 솔로몬도 자신을 백성 한 가운데 위치시킨 것이다. 그리고 그 백성은 하나님께서 선택하시고 소중히 여기시는 백성임을 또한 고백하였다(8절). 이에 더하여 그 백성은 수가 많다는 점을 말하였는데(8-9절) 그 말 속에는 하나님의 축복을 받아 번성한 백성이라는 의미도 있고, 숫자가 많아서 경험과 능력이 부족한 솔로몬으로서는 감당하기 힘들다는 어려움을 토로하는 의미도 들어 있다.

솔로몬은 '백성'의 소중함을 고백하였다. 하나님께서 선택하시고 소중히 여기시는 '백성'임을 강조하면서 "듣는 마음"을 간구하였다. 무엇을 듣는다는 것인가? 백성의 송사를 들어야 하고 백성의 억울함과 백성의 어려움을 듣는 것이 왕의 책무요 백성을 위해 무엇을 해야하는지를 분별하는 것이 왕의 임무라는 것이다. "듣는 마음"이 바로 이상적인 왕의 덕목이요 왕의 실력이라는 것이다.

하나님께서 솔로몬 왕에게 주신 것은? (10-13절)

솔로몬이 왕으로서 "듣는 마음"을 간구했을 때 하나님께서는 솔로몬을 칭찬하셨다. 자신을 위하여 장수도 구하지 않고 또 자신을 위하여 부유함도 구하지 않고 오직 하나님께서 소중히 여기시는 백성을 위하여 "듣는 마음"을 구했다고 칭찬하신 것이다. 이 때 하나님께서는 "듣는 마음"을 좀 더 상세하게 표현하셨다. 즉 "송사를 듣고 분별하는 것"(11절)을 구했다고 하셨다. 즉 "듣는 것"을 강조하셨다. 개역개정에 "송사를 듣고 분별하는 지혜"라고 번역하였는데 '지혜'라는 단어는 히브리어 성경에는 없는 단어이다.

그 다음 하나님께서 최종적으로 솔로몬에게 간구한 것을 주실 때는 "지혜로운 마음과 분별력"을 주셨다(12절). "지혜로운 마음과 분별력"은 "송사를 듣고 분별하는 것" 이상의 광범위한 능력이다. 하나님께서는 솔로몬이 간구했던 것보다 폭 넓은 능력을 주신 것으로 볼 수 있다. 그리고 끝까지 솔로몬과 하나님이 '마음'이라는 단어를 반복하는 것을 주목할 필요가 있다. 백성을 통치하고 백성을 인도하는 것은 단순한 기술이 아니라 '마음'으로 그리고 가슴으로 인도하는 것임을 강조한 것이라 볼 수 있다.

하나님께서는 솔로몬이 간구한 것을 크게 기뻐하시면서 구하지 않았던 부유함과 영광을 선물로 주시고 칭찬하셨다.

III. 신학적 메시지와 설교 주제

1) 백성 가운데 있는 왕

언제부터인가 대통령 후보자들이 '보통사람' 혹은 '서민'의 이미지를 강조하기 시작했다. 그러나 아직도 백성과 지도자 간의 거리는 만만치 않다. 성경에는 왕이 백성 가운데 한 사람임을 강조하고 있다. 이상적인 왕의 모델을 제시하는 본문에는 솔로몬 왕이 "백성 한 가운데" 위치하고 있음을 알려주고 있다. 바로 이것이 이상적인 지도자의 위치감각이다. 하나님께서 오늘도 모든 지도자들에게 "백성 한 가운데" 있음을 일깨워주시고 계신다. 왜냐하면 하나님께서는 그 그룹을 선택하셨고 소중히 여기시기 때문이다.

2) 왕의 덕목과 능력은 "듣는 마음"에서 비롯된다.

솔로몬 왕은 하나님께 백성의 송사를 "듣는 마음"을 주십사는 기도를 드렸다. 억울한 사람이 생기지 않도록 그리고 정확하고 올바른 판단을 할 수 있도록 백성의 소리를 "듣는 마음"을 간청하였다. 솔로몬 왕은 거창하게 "위대한 지혜의 왕"을 요청한 것이 아니었다. 명예와 실력을 요청한 것이 아니라 하나님께서 소중히 여기시는 백성을 위하는 능력과 백성을 인도하는 능력을 간청한 것이다. 그리고 단순한 기술이나 능력이 아니라 백성을 위하는 '마음'을 간청하였다. 백성을 가슴으로 인도하고 통치해야겠다는 포부가 담겨진 말이다.

오늘날 백성 한가운데서 백성의 소리를 "듣는 마음"은 모든 지도자의 덕목이 되어야할 것이다. 왜냐하면 이것이 하나님께서 기대하시는 통치방식이요 지도자의 덕목이요 능력이기 때문이다.

3) 하나님께서 솔로몬 왕에게 주신 것 – "지혜로운 마음과 분별력"

솔로몬은 하나님께 백성의 송사를 "듣는 마음"을 간청했지만 하나님은 더 크고 넓은 능력인 "지혜로운 마음과 분별력"을 선물해 주셨다. 그리고 솔로몬을 칭찬하시면서 솔로몬이 구하지 않았던 부유함과 영광도 선물로 주셨다.

하나님께서 원하시는 것은 맡긴 사명을 충실히 수행하는 것이다. 그 사명을 잘 수행하기 위해 하나님께 간구한다면 하나님께서는 기쁜 마음으로 필요한 능력을 충분히 채워주실 것이다. 덧붙여서 하나님의 칭찬도 듣고 더 많은 선물을 주실지 어떻게 알겠는가!

제4장 바벨론 성읍의 평안을 위해 기도하라
예레미야 29:1-7

I. 본문의 역사적 배경

예레미야 29장은 예언자 예레미야가 바벨론에 끌려간 유대 백성에게 보낸 편지로 최초의 목회서신이라 할 수 있다.

예루살렘은 바벨론 군대에 의해 주전 597년 3월 16일에 점령당했다. 이것이 예루살렘 제1차 함락 사건이었는데 이 때 여호야긴 왕을 비롯하여 왕실의 가족들과 많은 신하들, 그리고 용사와 기술자들이 바벨론에 끌려갔다. 열왕기하에는 예루살렘의 모든 백성 10,000명과 용사 7,000명, 그리고 기술자 1,000명이 바벨론 왕 느부갓네살에 의해 끌려갔다고 기록되어 있다(왕하 24:12-16). 그런데 예레미야에는 유대인 3,023명이 바벨론에 끌려갔다고 기록되어 있다(렘 52:28). 아마도 보다 더 정확한 숫자로 기록된 예레미야의 숫자가 역사적으로 정확한 기록으로 추정된다. 이와 더불어 앗수르 시대에 티글랏빌레셀이 갈릴리와 요단 동편을 공격하고 포로를 잡아갔을 때, 이스라엘이 멸망당했을 때, 그리고 산헤립이 유다를 침공했을 때 수많은 포로를 잡아간 역사가 있었다. 이 포로들은 앗수르, 바벨론, 메대 등지로 분산되어 정착하게 되었다.

주전 597년 바벨론에 의해 예루살렘이 1차 함락되고 강제로 바벨론으로 끌려간 사람들은 바벨론 정책에 순응하기보다 반항하는 분위기였다. 시온신학에 젖어 있었던 유대인들은 유다가 하나님의 능력에 의해 다시 일어설 것이라 기대하고 있었고 일부 예언자들도 이러한 기대를 부추기고 있었다. 그러나 예레미야는 바벨론에 반항하는 행동은 더욱 큰 화를 불러올 것으로 판단하여, 바벨론 디아스포라 백성에게 바벨론 정책에 순응하면서 장기적인 정착 계획을 세워야 한다고 주장하였다. 이러한 반항적인 분위기는 유다의 분위기와도 무관하지 않았다. 비록 주전 597년 여호야긴 왕이 사로잡혀 가고 시드기야 왕이 바벨론에 의해 임명되었지만 유대인들은 시드기야를 왕으로 인정하려 하지 않고 오직 바벨론의 멍에를 벗어버리려는 방향으로 치닫고 있었던 것이다.

시드기야는 충성스럽게 바벨론에 조공을 바쳤지만 이집트의 영향으로 또다시 흔들리게 되었다. 정확히 말하면 친이집트 성향이 백성들 사이에 뿌리 깊게 남아있었기 때문이다. 이집트 왕 삼메티쿠스가 이디오피아를 성공적으로 정벌하고 팔레스타인에 그 위풍당당한 모습을 나타내었을 때 유대 백성들은 이집트에게 한껏 기대를 걸게 된 것이다. 이집트 왕은 단순한 개선행진을 한 것이었지만 유대 백성들에게 미친 심리적 파급 효과는 심대하였다. 바벨론의 세력이 여전히 강성해 있었지만 바벨론은 멀리 있었고 가까이 있는 이집트가 세력을 회복하는 모습을 보았을 때 유다의 분위기는 친이집트 성향으로 급선회하기 시작하였다. 예레미야는 멍에를 메고 다니는 행동이나 오지병을 깨뜨리는 행동 등을 통해서 예루살렘 성과 백성들이 파멸하리라 예언하였지만(예레미야 9장) 왕실과 백성들은 외면하였다. 제사장 바스훌은 친바벨론 정책을 주장하는 예레미야를 때리고 성전에 가두기도 하였다(렘 20:1-2). 이렇게 반 바벨론 방향으로 유다가 방향전환을 하고 지중해 연안 나라들과 함께 반 바벨론 반란에 동참하다가 결국 주전 586년 예루살렘이 함락되고 유다는 멸망하게 되었다.

II. 본문 해석

29장의 구조를 살펴보면, 바벨론에 보낸 예레미야의 편지가 포함된 내용(1-23절), 그리고 예루살렘에 보낸 스마야의 편지에 대한 내용이 들어있는 부분(24-32절)으로 나눌 수 있다. 그리고 1-23절 부분은, 도입부(1-3절), 정착을 권유하는 말(4-9절), 70년 후의 회복 약속(10-14절), 유다 땅에 남은 자와 포로민에 대한 예언(15-20절), 거짓 예언자들에 대한 말(21-23절) 등으로 나눌 수 있다.

1절 예레미야는 예루살렘에서 바벨론 디아스포라 백성을 위해 편지를 보냈는데 이 때 편지를 전날한 인물은 예레미야와 교분이 두터웠넌 사반 가문의 엘라사였다. 사반 가문은 요시야 종교개혁을 주도한 가문이었고 친바벨론 정책을 지지한 가문이었다. 이 가문의 아히캄은 예레미야를 보호한 적도 있었으며(렘 26:24; 왕하 22:11, 14), 그마랴는 서기관으로 예레미야의 예언활동을 도왔다(렘 36:10-12). 또한 바벨론에 의해 시드기야 왕이 끌려간 후 이 가문의 사람 그달리야가 유다의 왕으로 임명되었다. 그달리야는 사반의 손자요 아히감의 아들이었다. 엘라사와 동행한 인물은 힐기야의 아들 그마랴였다(3절).

디아스포라 가운데는 장로, 제사장, 선지자 등의 지도자들이 있었다. 이들은 주전 597년 바벨론으로 끌려간 사람들이었다. 바벨론에 끌려간 유대인들은 노예상태는 아니었다. 일부가 노예로 전락했을 가능성도 있지만 대부분은 강제 이주당한 이주민으로 살았다. 이들은 바벨론에서도 개간이 필요했던 지역에서 마을을 이루며 살 수 있었고 자치적으로 생활할 수 있었다. 그들은 재산소유권도 있었고 노비도 있었으며 상업활동도 할 수 있었고 그들 가운데는 공직에 진출한 사람들도 있었다. 바벨론 니푸르의 상황을 알 수 있는 무라슈 토판에는 여러명의 유대인들의 이름이 기록되어 있다. 이 토판은 상업활동에 사용된 토판인데 이 가운데 유대인들의 이름이 8%를 차지하고 있었다는 것은 유대인들이 상업활동에 상당히 개입하고 있었음을 알 수있다. 대제국의 종교정책이 소수민족의 종교를 허용하는 정책이었기에 종교적으로 탄압을 받은 적은 없었다. 자치적인 촌락을 형성할 수 있었던 그들이 팔레스타인에서 지켜왔던 풍습, 가족제도, 지도체제, 종교 등을 변경시킬 하등의 이유가 없었으며 예언자와 제사장과 장로들이 활동하고 있었고 성전이 건립되고 제사도 계속되었을 것으로 짐작할 수 있다. 이집트에 세워진 엘레판틴 성전과 같이 바벨론에도 야웨를 섬기는 성전이 있었을 가능성이 높다.

4절 "바벨론으로 사로잡혀 가게 한 모든 포로"란 바벨론 포로 사건이 우연히 일어난 일이 아니라 하나님께서 주도하셔서 일어난 사건이라는 뜻이다. 바벨론에 의해 예루살렘이 함락당하고 포로가 된 이 모든 일은 하나님께서 징벌을 내리신 사건이라는 뜻이기도 하다. 동시에 하나님께서 계획하시는 일에 대한 기대감이 서려있는 표현이기도 하다.

5절 집을 짓고 밭에 농사를 지어 열매를 먹으라는 것은 단기간이 아니라 장기간 바벨론에 체류할 예정이니 장기적인 계획을 세우라는 뜻이다. 바벨론에서는 주로 개간이 필요한 지역에 배치하였기 때문에 이러한 계획을 세우지 않으면 살아갈 수 없는 상황이기도 하였다.

6절 결혼에 대해 이야기하는데 현재 세대가 결혼할 뿐 만 아니라 자녀들 세대도 결혼하고 자녀를 낳아 기르면서 유대인의 숫자가 줄어들지 않도록 하라고 권면하였다. 어려운 상황이 되면 자녀를 줄이려는 경향이 있는데 예레미야는 유대인의 숫자가 증대되어야 한다고 하였다. 이것은 미래에 희망이 있다는 말이다. 10절에 보면 70년이 차면 하나님께서 다시 유대인들을 고국으로 돌아가게 하시겠다고 하셨다. 하나님께서 약속해 주신 것을 믿고 나아가라는 뜻이다. 하나님께서 아브라함을 부르셔서 "내가 너로 큰 민족을 이루고..."(창 12:2)라고 약속해 주신 그 약속이 여전히 유효함을 상기시킨 말이기도 하다. 그리고 더 거슬러 올라가면 하나님께서 아담과 하와를 창조하시고 "생육하고 번성하여 땅에 충만하라"(창 1:28)라고 복을 주신 그 기본적인 복이 바벨론에 끌려간 상태에서도 여전히 유효하다고 말씀하신 것이다.

7절 예레미야는 바벨론 성읍의 평안을 구하고 그를 위하여 야웨께 기도하라고 권면하였다. 바벨론은 유다를 멸망시킨 원수의 나라였다. 어떻게 원수의 나라의 평안을 위해 기도할 수 있을까? 그 이유는 바벨론 성읍이 평안해야 그 안에 살고 있는 유대인들도 평안할 수 있기 때문이다.

'평안'으로 번역한 히브리어 '샬롬'은 평화, 평강, 평안, 안녕 등으로 번역할 수 있는 단어이다. 이 평안은 이 땅에서 살아가면서 경험할 수 있는 평안을 가리킨다. 결코 하늘에서나 맛볼 수 있는 추상적인 평안을 가리키는 것이 아니다. 이 땅에서 느낄 수 있는 평안은 완벽하지 않을 수 있다. 평안하지만 땀 흘리며 노력해야 하는 경우도 있고, 평안하지만 걱정과 불안의 그림자가 함께 있을 수도 있다. 때로는 갈등도 일어나고 아웅다웅 싸움도 있을 수도 있다. 그러나 이러한 세월을 가리켜 우리는 평안한 세월이라 말하기도 한다. 그래서 '샬롬'에는 전쟁의 개념도 포함되어 있다고 한다. 그만큼 '샬롬'은 이 땅에서 살아가는 모든 사람이 경험할 수 있는 평범한 삶을 가리킨다. 그래서 인사말로 사용하고 있는 것이다. 이스라엘에서 '샬롬'이라하면 '안녕하세요'라는 인사말이다.

충격적인 것은 원수의 성읍의 평안을 구하면서 살아가라는 것이다. '구하다'라고 번역된 '다라쉬'라는 히브리어 단어는 '추구하다'라는 뜻의 단어인데 노력하며 애쓰는 적극적인 행동을 요청하는 용어이다. 따라서 단순히 마음으로 혹은 입술로만 뜻을 표현하는 정도가 아니라 행동을 통해 노력해야 하는데, 계획하고 목표를 설정하고 구체적인 행동을 통해 성취해야 하는 중요한 과업인 것이다.

한 걸음 더 나아가 하나님께 바벨론 성읍의 평안을 위해 기도하라고 하였다. 인간의 노력도 부족하여 하나님의 능력까지 요청한다는 것은 바벨론 성읍의 평안은 반드시 이루어져야 함을 강조하는 말이다. 바벨론 성읍의 평안이 있어야 유대인 디아스포라가 평안할 수 있기 때문에 단순한 희망사항으로 그칠 수가 없는 것이다.

여기서 우리는 바벨론 성읍과 유대인 디아스포라가 하나의 공동체임을 확인할 수 있다. 바벨론 성읍은 분명히 종교가 다른 성읍이다. 그리고 다른 나라의 성읍이요 그 안에 살고 있는 사람들은 이방인이다. 그런데도 불구하고 하나의 공동체라는 것이다. 그들에게 선교하여 야웨 하나님을 믿게 해서 하나의 공동체를 만드는 것이 아니라, 현 상태에서 이미 하나의 공동체가 되었다고 선언하는 것이다. 비록 다른 종교인이요 다른 신을 섬긴다고 하더라도 그들을 위해 하나님께 기도

하라고 하셨다. 왜냐하면 하나의 공동체이기 때문이다. 왜냐하면 바벨론 성읍의 평안이 있어야 유대인 디아스포라도 평안을 누릴 수 있기 때문이다.

생물학자는 말하기를 하나의 종(種)이 살아가려면 적어도 50종 이상의 다른 종들이 함께 있어 주위에 생태계를 만들어 주어야 하나의 종이 살아 생존할 수 있다고 말한다. 다른 종이 때로는 도와주는 종도 있지만 상처를 주고 불안을 야기하기도 하고 장애물처럼 느껴지는 종도 있다. 그러나 그 모든 종들이 생태계를 이루어 함께 살아갈 수 있는 삶의 터전을 마련해주는 것이다. 이처럼 비록 다른 종교인이라 할지라도 함께 살아가는 공동체 구성원으로서 인정해 주어야 하고 그들과 함께 평안을 만들어가야 하고, 하나님께 그들을 위해 기도를 드리면서 살아가야 한다.

III. 설교를 위하여

1. 목회서신을 보내는 예레미야

예레미야는 바벨론에 끌려간 디아스포라에게 예언자로서 그들을 위해 편지를 보냈다. 그리고 이 내용이 성경에 포함되어 있다. 최초의 목회서신이라 할 수 있다. 예언자 예레미야는 제사장과 더불어 목회자의 임무를 수행한 것이다.

어느 길이 생명으로 가는 길이며 어느 길이 죽음으로 가는 길인지 분별하지 못하고 있었던 디아스포라 백성에게 명확하게 생명의 길을 제시해 준 것이다. 그런데 그 길은 소위 신앙심이 깊고 애국심이 강한 사람들이 멸시하는 길이었다. 원수의 나라 성읍을 위해 평안을 기도

하라니! 우상을 섬기는 이방 사람들의 평안을 위해 노력하라니! 받아들이기 힘든 예언이었다. 그러나 예레미야는 이 길이 생명의 길이기에 반대를 예견하면서도 간절히 간곡하게 하나님의 뜻을 전하였다.

2. 바벨론으로 가게 하신 하나님

바벨론으로 끌려간 사람들의 심정은 어떠했겠는가? 수많은 사람들이 죽고 상처 입은 상황에서 이방 나라에까지 끌려가게 된 그들은 절망의 심연 속으로 빠져들 수밖에 없었을 것이다. 좌절과 분노 속에서 삶에 대한 의욕이 스러지고 있었을 것이다.

이 때 예레미야의 서신이 당도하였다. 그 내용 가운데 "만군의 야웨 이스라엘의 하나님께서 예루살렘에서 바벨론으로 사로잡혀 가게 한 모든 포로들..."(렘 29:4)이라는 구절이 들어있다. 우연히 잡혀 온 것이 아니라 하나님의 뜻이 계셔서 바벨론에 포로 신세로 가게 되었다는 것이다. 그 것이 형벌일 수도 있지만 동시에 하나님께서 또 다른 중요한 일을 하기 위해 준비하는 과정이라 할 수도 있다. 야웨께서 버린 자식 아니고, 사명을 주어 보낸 하나님의 자녀일 수 있다는 것이다. 하나님은 요셉의 경우와 같이 악을 선으로 바꾸어 생명을 살리는 보람있는 삶을 살게 하실 수도 있는 것이다.

고난의 시간은 하나님을 만나는 시간이기도 하다. 1차 예루살렘이 함락당할 때 포로로 끌려간 제사장 에스겔은 바벨론에서 찾아오신 하나님을 만났다. 이방 땅에서 만난 하나님, 바벨론 땅에서 가장 가난하고 힘이 없는 이주자에게 찾아오신 하나님을 만난 에스겔은 제사장이 아니라 예언자로서의 새로운 소명을 감당하게 되었다. 이처럼 고난의 시간이 새로운 희망을 잉태하는 시간일 수도 있는 것이다.

3. 바벨론 성읍의 평안을 위해 빌라

지금 이 글을 작성하는 중에도 네팔에 또 다시 7.3의 강진이 발행하여 많은 사람들이 죽고 다쳤다는 소식이 들어왔다. 벌써 8,000여명에 달하는 사망자 소식이 네팔에서 속속 전해지는데 가슴이 저려온다. 이미 지구는 하나의 마을이 되어 버린 것이다. 네팔 사람들이 무슨 종교인인가가 중요하지 않다. 그들은 하나님이 창조하신 하나님의 생명이며 하나님이 소중히 여기시는 사람들이다. 다른 종교인인 모압인을 위해 눈물을 흘리시는 하나님이셨다(사 16:9-11). 다른 종교인인 이집트 사람들을 향해 '나의 백성 이집트'라고 하셨다(사 19:25). 혹시 하나님은 눈물을 흘리시며, 하나님은 품에 안고 가시는데 우리가 종교가 다르다는 이유로 외면하고 배척하는 것이 아닌지 다시 살펴볼 필요가 있다.

바벨론으로 강제 이주당한 유대인들처럼 오늘날도 여러 가지 이유로 타국에 이주민으로 생활해야 하는 사람들이 있다. 한국에 오는 이주노동자도 그러한 사람들이라 할 수 있다. 자신이 선택해서 온 사람들이지만 자신의 경제적 상황이 그를 이주노동자로 떠나게 했던 것이다. 세계는 좁아져 가고 있고 이주민과 귀환 이주민과 순환 이주민이 넘쳐나고 있다. 이제는 어느 국가나 어느 지역이나 이러한 이주 물결에서 벗어나는 지역은 찾아보기 힘들다.

한국에도 이주민이 160만 명 이상으로 늘어나고 있고, 해외로 나간 한국인도 700만 명이 넘어서고 있다. 세계적인 다문화 사회의 흐름에 서서히 진입하고 있는 것이다. 이러한 다문화 사회는 필연적으로 다종교 상황을 야기 시킨다. 한국에는 이미 다양한 종교들이 들어와서 공존하고 있다. 외래 종교인 불교와 유교와 기독교가 함께 들어와서 공존하고 있는 것이다. 특이하게도 이러한 종교인들이 싸우지 않고 평화롭게 살아가는 모습을 보이고 있다. 그래서 세계의 종교학자들이 한국의 다양한 종교인들이 어떻게 해서 평화롭게 공존하고 있는지 그 비결에 대해서 알고 싶어 한다. 1919년 3월 1일 만세를 부를 때도 여러 다양한 종교지도자들이 합심해서 독립선언서를 작성하고 함께 한 목소리로 '대한독립만세'를 외쳤다. 민족의 독립을 위해서는 이처럼 여러 종교인들이 한 마음을 모아 주었던 것이다.

그런데 최근에는 이러한 평화가 깨어지고 있는 모습이 나타나고 있다. 특히 기독교인이 더 배타적인 모습을 보이면서 타종교를 공격하는 경우가 종종 나타나고 있다. 타종교인이 우상숭배를 하고 있기 때문이라는 것이다. 그런데 예언자들이 열방을 향해 예언하는 내용을 살펴보면(암 1:3-2:16; 사 13-23장; 렘 46-51장; 겔 25-32장; 습 2:4-15), 이스라엘을 향해 예언할 때와는 기준이 다름을 발견할 수 있다. 즉 이스라엘을 향해 예언할 때는 우상숭배에 대해 강하게 비판하면서 그로 인해 하나님의 심판이 임하리라고 예언을 하였다. 그러나 외국 나라들에게는 주로 윤리적이며 도덕적인 기준을 들면서 심판을 예언하는 것을 볼 수 있다. 예를 들면 잔혹하게 임신한 여인의 배를 갈라 죽였기 때문에 하나님께서 암몬을 심판하실 것이라 예언하였다(암 1:13). 이처럼 이스라엘과 외국과는 심판하는 기준이 다름을 발견할 수 있다. 따라서 타종교인을 대할 때 그들의 종교에 대해 비판하기보다 하나님께서 하신 것과 같이 그들의 윤리적인 행동에 대해 주목하며 이야기해야 할 것이다.

하나님은 아브라함을 부르셔서 무조건적인 은혜의 약속을 해 주시면서 동시에 큰 사명을 주셨다. 하나님의 복을 받은 아브라함과 그 후손들이 만민에게 복을 나누어 주어야 할 사명을 주신 것이다(창 12:1-3). 그런데 세계 여러 민족들과 국가들은 모두 자신의 종교들을 가지고 있었는데 이 다양한 종교에 관해서는 주목하지 않았다. 비록 다른 종교인이라 하더라도 그들에게 다가가서 하나님이 주신 복을 나누어 주어야하는 사명을 아브라함이 부여 받은 것이다.

하나의 지구촌에서 다양한 종교인과 함께 공동체를 구성하면서 살아가야 하는 세계적인 다문화 사회인으로서 우리는 오늘 예레미야의 편지를 다시 읽어야 한다. 비록 원수의 성읍이요 타종교인의 성읍이라 하더라도 함께 살아가야 한다면 그들의 평안을 위해 노력하고 그들의 평안을 위해 하나님께 기도해야 하는 것이다. 이것이 우리가 살 수 있는 길이요 생명의 길이다.

제5장 통일에서 영원으로
에스겔 37:15-28

에스겔에게 명령하신 하나님의 명령은 나누어진 이스라엘 백성의 연합과 통일을 선포하라는 것이며, 이 통일의 이미지를 활용하여 하나님 백성의 영원한 삶을 선포하라는 것이다. 특이한 점은 본문 속에 상징 행위에 대한 명령이 포함되어 있다는 것이다.

본문의 구조는 하나의 훌륭한 설교문의 구조라 볼 수 있다. 먼저 설교의 도입부의 형태로 상징행위가 나타난다(16-17절). 그 다음 상징 행위를 통해 밝혀낼 수 있는 직접적인 의미가 나타나고(18-19절), 이어서 상징 행위와 연결되는 통일의 이미지와 귀환의 이미지가 나타난다(21-23절). 마지막 단계에서는 핵심적인 이미지인 이스라엘 백성의 영원한 삶의 이미지가 앞에 나타난 이미지와 연결되어 나타나면서 그 절정을 이루고 있다(21-28절).

1. 구조

I. 야웨의 말씀 도입부	15
II. 야웨의 말씀	16-28
A. 상징 행위 실시 명령	16-17
B. 상징 행위 의미 설명	18-19
C. 구원신탁 선포	20-28
1. 도입부	20
2. 신탁 선포	21-28

a. 회복 - 귀환과 통일 21-23
b. 비전 - 영원으로 향하는 길 24-28

본문의 구조를 살펴보면 상징 행위에 대한 명령과 의미 설명만 있지 상징 행위를 실시한 흔적을 발견할 수 없다. 구약의 예언서에 나타나는 상징 행위 본문들 16개(호 1:2-11; 3:1-5; 사 8:1-4; 20:1-6; 렘 13:1-11; 18:1-2; 19:1-15; 27:1-28:17; 32:6-15; 겔 4:1-8; 4:9-17; 5:1-17; 12:1-16; 24:1-14; 24:15-24; 37:15-28) 가운데 4개는(사 8:1-4; 겔 4:1-8; 5:1-17; 37:15-28) 이와 같이 상징 행위를 실시한 흔적이 없는 본문들이다. 이 가운데 3개의 본문이 에스겔에서 나타나고 있다. 상징 행위의 실시 여부 보다는 뒤이어 나타나는 상징 행위의 의미 설명과 선포되는 메시지가 중요한 것이다. 상징 행위는 다양하게 설명할 수 있고 의미 부여를 할 수 있는 사건이 될 수 있다. 에스겔에서는 이러한 행위 자체에 무게 중심을 두기보다 상징 행위의 이미지를 활용하여 상징 행위의 명확한 의미를 강조하고 메시지를 명료하게 제시하고자 하였다.

2. 통일과 귀환의 이미지

포로후기 예언자 에스겔이 주목한 것은 나라가 멸망하고 흩어진 이스라엘 민족이 다시 모여 새로운 나라 새로운 사회를 재건하는 것이었다. 그런데 이러한 목적을 직접적으로 말하기보다 우회적인 방법을 사용하면서 예언을 시작하고 있다. 즉 이스라엘 민족의 오랜 숙원이었던 남북 왕국의 통일 문제였다. 다윗과 솔로몬 시대를 통일왕국으로 보기는 하지만 내면적인 상황은 남북의 통일과 일체라기보다 억지로 연결된 어설픈 연합체였던 것이다. 그리고 대부분의 역사는 남북왕국이 분열된 분열왕국의 형태로 이어져 왔다. 야웨를 섬기는 백성이 팔레스타인에서도 흩어진 모습을 보였던 것이다. 따라서 야웨를 섬기는 이스라엘 민족의 통일에 대한 염원은 옛날부터 계속되어 온 미해결 과제였다.

사실 에스겔 시대에는 이스라엘과 유다라는 남북왕국 자체가 멸망하고 존재하지 않았기 때문에 통일이라는 것이 문제가 될 수 없는 상황이었다. 그러나 에스겔은 이 문제부터 거론하였다. 막대기 두 개를 준비하여 각각 북왕국 이스라엘과 남왕국 유다를 표기하도록 하고 그 두 막대기를 하나로 합치면서 통일의 상징적인 행동을 시행하도록 하였다. 이스라엘 백성의 가슴 속에 남아있던 통일에 대한 열망에 불을 붙이면서 이스라엘 백성을 다시 모으고 재건하고자 한 것이다.

통일이라는 이미지는 '하나(אחד, 에하드)'라는 단어로 요약되어 있다. 상징 행위를 요약하여 설명하면서 "내 손에서 하나가 되리라"(19절), 그리고 '한 나라'와 '한 임금'(22절), '한 목자'(24절) 등에서 통일의 개념이 부각되어 있다. 이러한 통일에 대한 약속은 '두 민족'과 '두 나라'로 분열되지 아니하리라는 약속 속에 다시 강조되어 있다(22절).

3. 영원으로 향하는 길

민족의 숙원이었던 통일이 이루어진다는 이미지는 흩어진 이스라엘 백성들이 고국으로 귀환하는 이미지로 손쉽게 변환되면서 상징 행위의 이미지가 그 소임을 다하는 것 같아 보인다(21-23절). 그러나 에스겔은 이러한 이미지들을 영원을 향하여 쏘고 있다. 24-28절에는 21-23절의 내용을 다시 반복하는 듯하면서 '영원'이라는 단어를 다섯 번이나 반복하여(25a, 25b, 26a, 26b, 28a절) 첨가함으로 인해 "통일과 귀환"이라는 이미지를 "영원한 삶의 이미지"로 변환시키고 있다.

단순히 고국에 돌아가서 사는 것만으로는 충분치 않다는 것이다. 귀환하여 하나님의 백성으로 한 민족을 이루고 한 왕국을 건설하는 것도 중요한 일이지만, 하나님의 백성의 삶은 하나님을 올바르게 섬기는 삶이 있어야만 완전한 삶이 이루어진다는 것이다. 이러한 희망을 에스겔은 '영원(עולם, 올람)'이라는 단어로 요약하였다.

하나님의 백성으로 함께 살아가기 위해서는 우선 지도자가 중요한데 이 지도자를 '왕'이라는 명칭 대신에 다른 명칭으로 표현하였다. 다윗 왕조의 왕이 통치한다는 희망을 피력했지만(24절) 이 왕은 "나(야웨)의 종"(24절)이며 '목자'(24절)이고 "영원한 지도자"(25절)인 것이다. 특히 개역에서는 25절의 나시(נשׂיא)라는 단어를 '왕'이라 번역하였지만 정확히 번역하면 이 단어는 이상적인 '지도자'로 번역해야 할 것이다. 지도자의 중요성을 먼저 부각시키면서 지도자가 권력을 독점하고 권력을 휘두르는 통치자이기보다, 목자같이 백성을 성실히 돌보며 야웨의 종으로서 백성을 선하게 인도하는 지도자가 될 것이라는 희망적인 약속을 해 주신 것이다.

두 번째로 중요한 것은 생활할 안정적인 터전이다. 거주할 땅이 임시로 거주할 곳이 아니라 "영원히 거할 땅"(25a절)이 되어야 안정감을 얻을 수 있는 것이다. 경제적이며 사회적인 생활 기반을 마련해 주시는 것이다. 하나님은 이러한 땅을 약속해 주셨다. 이 땅은 약속의 땅이며 하나님이 주시는 땅이고 "나(야웨)의 종"(25절)의 자손들이 살아갈 땅이다.

세 번째 중요한 것은 하나님과의 언약인 "영원한 언약"(26a절)이다. 하나님과 하나님의 백성이 언약으로 맺어진 관계라는 것은 "나는 그들의 하나님이 되고 그들은 나의 백성이 되리라"(23, 27절)는 반복적인 표현 속에 강조되어 있다. 이 언약은 "평화의 언약"이다. 평화 즉 '샬롬'이라는 단어는 피안의 세계에서만 가능한 완전한 평화를 의미한다기 보다 이 세상에서 느낄 수 있는 평범한 상태를 가리킨다. 따라서 평화의 언약이란 파란곡절을 겪으며 살아가는 보통사람들의 평범한 삶에서 찾아볼 수 있는 아름다운 언약을 가리키며 실현가능한 언약이다.

마지막으로 중요한 요소는 하나님이 하나님 백성과 함께 거주하면서 살아가시겠다는 약속이다. 즉 "영원토록 하나님의 백성 가운데 있을 성소"의 이미지가 반복해서 나타나고 있다(26, 27, 28절). 여기서 주목할 점은 '성전'이라 표현하지 않고 '성소(מקדש, 미크다쉬)'라고 표현한 점이다(26, 28절). 성전은 건축물과 제도라는 이미지를 제시하지만 '성소'라는 표현은 "하나님의 거주지"라는 이미지가 강하다. 특히 27절에 '처소'로 번역된 단어 '미쉬칸(משכן)'은 '장막(tent)'으로 번역할 수 있다. 즉 하나님이 인간이 건축한 건물에 갇혀있는 것이 아니라 하나님 스스로 인간 가운데 찾아 오셔서 거주하시다가 인간이 장막을 걷어 움직이면 함께 움직이시고, 또 원하실 때 인간 가운데 텐트를 쳐 함께 거주하시는 하나님의 이미지가 담겨있다. 하나님이 하나님의 백성 가운데 임재하시고 그의 백성과 더불어 공동체를 이루어 가시는 모습은 임마누엘의 축복이며, 하나님의 백성의 번영과 행복의 가장 확실한 보증이 되는 것이다. 이스라엘 백성의 멸망이 "성전을 떠나시는 하나님"이라는 이미지로 나타났다면(겔 10:16-19; 11:22-23; 애 2:7), 이스라엘 백성의 회복과 희망은 영원토록 하나님의 백성과 함께 계시는 "성소에 거주하시는 하나님"의 이미지로 표현할 수 있다.

4. 설교 형식에 관하여

하나님은 에스겔에게 상징 행위를 포함한 하나님의 말씀을 보여주고 선포하라고 명령하셨다. 그러나 에스겔이 이 명령대로 실행했다는 실행 결과 보도는 없다. 아마도 에스겔은 이러한 하나님의 명령을 실행했으리라 짐작된다. 중요한 것은 성경 가운데 이 실행 결과 보도가 결여되어 있다는 점이다. 이 비어있는 부분을 누가 채울 것인가? 오늘을 살아가는 오늘의 예언자, 오늘의 에스겔이 채워야할 공간이 아니겠는가?

오늘날, 에스겔과 같이 상징 행위를 하면서 설교하는 형식은 과연 부적절한가? 오히려 이러한 설교형식을 개척할 필요가 있다. 상징 행위를 적절히 활용하면서 점진적이며 단계적으로 메시지의 핵심을 펼쳐 놓는 설교의 형식은 상당히 호소력있는 설교의 형식이라 볼 수 있다.

또 한 가지 특이한 점은 청중들의 반응과 질문을 염두에 두고 설교하는 형식이다. 18절에 나타나는 바와 같이 청중들의 마음을 읽으면서 설교하는 모습은 예언자들이 "오직 하나님의 말씀"의 권위만 강조한다는 일반적인 이해를 뛰어넘는 모습을 보여주고 있다.

제6장 호세아 4장의 '음행'과 '제사장' 문제[79)]

I. 호세아 4장의 구조와 양식
II. 호세아 4장 번역
III. 4-9절은 제사장에 대한 비평인가?
IV. '음행'의 의미와 국제정세
V. 결론

호세아 4장에는 '음행'이라는 단어가 반복되면서 4장 전체의 주제어 같은 역할을 하고 있다. 그리고 이 단어의 의미에 대해서는 '우상숭배'라는 종교적 의미만 강조되어 온 경향이 있다. 본 장에서는 주전 8세기 후반의 국제정세를 포함한 당시의 역사적 상황을 면밀히 검토하여 이 단어의 의미를 재조명하고자 한다. 또한 이 단어와 연결되어 해석되어온 단어인 '제사장'에 관한 사항도 함께 연구하고자 한다. 왜냐하면 제사장에 대한 해석도 종교적인 각도에서만 관찰되어 왔으며 비판의 대상이 되어왔기 때문이다. 본 장에서는 당시의 국제정세와 역사적 상황을 바탕으로 이 두 단어의 의미를 함께 조명하여 호세아 4장 해석의 새로운 지평을 열고자 한다.

79) 제6장은 신학과목회에 게재한 논문을 일부 수정하여 활용한 부분이다; 정중호, "호세아 4장의 '음행'과 '제사장' 문제," **신학과목회** 23 (2005), 115-134.

I. 호세아 4장의 구조와 양식

본론에 들어가기 전에 우선 호세아 4장 전체를 조명하면서 그 구조와 양식에 대한 문제부터 규명하고자 한다.

호세아 4장의 구조를 밝히는데 우선 해결해야 할 것은 1-3절을 어떤 양식으로 볼 것인가 하는 문제이다. 많은 학자들이 1-3절을 "계약소송" 양식으로 보고 4-19절 부분은 제사장과 제의에 관한 심판 예언으로 보아 서로 구별하고 있으나 내용을 세밀히 살펴보면 이 두 부분은 사실 하나의 단위를 이루고 있음을 발견할 수 있다. 우선 "들으라(שִׁמְעוּ, 쉬므우)"라는 청중을 향한 명령형은 예언을 시작할 때 사용되는 단어인데 이 단어가 4:1과 5:1에 나타나 있는 점으로 미루어 보아 4장 전체는 하나의 예언 단위이고 5:1에 새로운 예언이 시작됨을 알 수 있다. 그리고 이스라엘을 청중으로 지칭하는 모습은 1절에도 나타나고 15-16절에도 동일하게 나타나는 점도 4장 전체가 하나의 단위임을 보여주는 것이다.

보통 "논쟁하다(ריב, 리브)"라는 단어가 나타나기만 하면 이 단어가 소속된 단위는 계약소송양식 혹은 소송양식이라 분류하는데 드로쉬(M. de Roche)는 이러한 주장을 비판하며 "논쟁하다"라는 단어를 사용한다 해서 소송양식이라 한정지울 수 없고 오히려 재판 이전의 논쟁 단계를 가리킨다고 주장하였다.[80] 1-3절이 소송양식이 아니라 일반적인 논쟁 혹은 비판이라면 1-3절 부분과 4-19절 부분을 구분할 근거가 약해진다.

---

80) M. de Roche, "Yahweh's *rib* against Israel: A reassessment of the so-called 'prophetic Lawsuit' in the preexilic prophets," *JBL* 102 (1983), 563-74.

또한 4-19절에 대해서는 본론에서 깊이 연구할 과제이지만 결론을 활용한다면 4-19절은 제사장과 제의에 관한 특별한 내용이 아니기 때문에 내용상 1-3절과 구분되는 것이 아니며 오히려 동일한 내용이 4장 전체를 흐르고 있음을 알 수 있다.

따라서 1-19절 전체를 하나의 해석단위로 보아 간단히 구조를 밝혀 본다면 다음과 같다;

A. 이스라엘의 죄로 인해 사람과 자연이 큰 타격을 받음 1-3
 1. 원인 - 이스라엘 땅에 하나님을 아는 지식이 없음 1
 2. 현상 - 죄악의 창궐 2
 3. 결과 - 사람과 자연이 타격 받음 3
B. 하나님의 뜻을 배반한 이스라엘 백성에 대한 심판 선언 4-19
 1. 하나님을 아는 지식이 없어 망하는 이스라엘 자손 4-6
 2. 살룸의 반란세력의 죄악상과 그들에 대한 심판 선언 7-9
 3. 하나님을 배반하고 음란한 영이 감싸고 있는 백성은 망하리라 10-19

II. 호세아 4장 번역

번역은 본문에 대한 해석이 완료된 후에야 가능하다. 그러나 구절 구절에 대한 논쟁을 진행시킬 때 번역한 것을 활용해야 하기 때문에 미리 제시하여 둔다. 이 번역은 논자가 직접 사역한 것인데 히브리어 성경(MT)을 바탕으로 본문비평과 여러 해석과정을 거쳐 이룩한 것이다.

1 이스라엘 자손들아 야웨의 말씀을 들으라
왜냐하면 야웨께서 그 땅에 거주하는 사람들과 논쟁하시기 때문이다.
참으로 그 땅에는 진실도 없고 인애도 없고 하나님을 아는 것도 없구나.
2 저주하는 것과 거짓과 살인과 도적과 간음이 터져 나가며
피흘림이 피흘림을 불러 일으키는구나.
3 그러므로 그 땅이 메마르고 거기에 거주하는 모든 사람들이 쇠잔할 것이며,
들짐승과 공중에 나는 새와 바다의 고기가 죽을 것이다.
4 아 사람들이여 다투지 말며 책망하지도 말라.
네 백성은 제사장과 다투는 자들 같구나.
5 너는 낮에 걸려 넘어 질것이요.
예언자 역시 밤에 너와 함께 걸려 넘어질 것이다.
내가 너의 어머니를 파멸시키리라.
6 내 백성이 지식이 없으므로 망하는 구나.
참으로 너는 지식을 거부하는 구나.
내가 너를 나의 제사장이 되지 못하게 하리라.
그리고 너의 하나님의 율법을 네가 잊어버렸으니
내가, 내가 너의 아이들을 잊어버릴 것이다.
7 그들이 많아질수록 내게 더욱 범죄하니
내가 그들의 영광을 수치로 만들 것이다.
8 그들이 내 백성의 죄를 먹는다.
그들이 그들의 죄악에 입맛을 다신다.
9 그들은 장차 백성같이 그리고 제사장 같게 되리라.
그러나 내가 그들의 길에서 그들을 방문하리니
내가 소행대로 그들에게 갚으리라.

10 그들이 먹으나 배부르지 아니할 것이요.
그들이 행음하여도 출산하지 못할 것이다.
왜냐하면 그들이 지켜주시는 야웨를 버렸기 때문이다.
11 음행과 포도주와 새 포도주가 마음을 빼앗는 구나.
12 내 백성이 그의 나무에게 묻고 그의 막대기는 그에게 말하는 구나.
왜냐하면 음란한 영이 오도하여 그들의 하나님을 떠나 음행을 저질렀
기 때문이다.
13 그들이 산꼭대기에서 제사를 드리며
언덕 위에서 분향할 것이다.
참나무와 버드나무와 상수리나무 아래서 하니 그 그늘이 좋았기 때
문이라.
그러므로 너희 딸들이 음행하며 너희 며느리들이 음행할 것이다.
14 너희 딸들이 음행하여도 내가 벌하지 아니할 것이며
너희 며느리들이 음행하여도 내가 벌하지 아니할 것이다.
왜냐하면 그들이 창기와 더불어 함께하며
성전창기와 함께 제사를 드리기 때문이다.
그리고 깨닫지 못하는 백성은 망할 것이다.
15 만일 네가 음행한다 하더라도, 이스라엘아!
유다는 범죄하지 말아야 한다.
너희는 길갈로 가지 말며, 벧아웬으로 올라가지 말아라.
그리고 살아계신 야웨께 맹세하지 말아라.
16 참으로 완강한 암소처럼 이스라엘은 완강하구나.
이제 야웨께서 그들을 넓은 들에 있는 한 마리의 양같이 먹이시겠는
가?
17 에브라임이 우상과 연합하였으니 내버려 두라.

18 술이 다하기까지 그들이 행음하기를 계속하였으며
그들이 정말 사랑하는구나.
그녀의 방패가 수치를 당하리라.
19 (음란한) 영이 그 날개로 그녀를 쌌으니
그들이 그 제사로 인해 수치를 당하리라.

III. 4-9절은 제사장에 대한 비평인가?

4-19절 부분은 해석상 장애물이 한두 가지가 아니다. 해석을 위한 중요한 단서 가운데 하나는 청중이 누구인가를 밝히는 것이다. 청중을 살펴보면, 우선 책망을 받는 대상이 이인칭 단수(4-6절)이고, 탄식할 때는 복수이며(13b, 14aa절), 삼인칭일 경우도 있다(단수는 12a, 14b, 16f; 복수는 7f, 10, 12b, 13a, 14ab, 18f절).[81)]

결론을 미리 말한다면 4-9절이 제사장과 제의에 관한 심판 예언이라는 주장이 있으나 이는 잘못된 주장이다.[82)] 왜냐하면 4, 6, 9절에 제사장이라는 단어가 나타나지만 제사장을 향해서 말하거나 제사장을 비판하는 말은 아니다. 4장 전체는 일관성 있게 청중인 이스라엘 백성을 향한 말씀이다. 8절에 하타아트(חטאת)는 개역에서 "속죄 제물"로 번역되어 마치 제사장이 제물을 먹는 것인 양 번역되어 있으나 이 단어는 오히려 다른 의미로 번역할 수 있다.

---

81) H. W. Wolff, *Hosea* (Philadelphia: Fortress Press, 1974), 74.

82) 이러한 주장이 강하게 나타난 번역은 표준 새번역이다.

1. 4–6절에 나타나는 '제사장'

4절의 청중은 역시 "이스라엘 자손"(1절)이다. '제사장'이 청중이 아니라는 점을 눈 여겨 보아야 하며 '제사장'이 책망의 대상이 아니라는 점을 염두에 두어야 한다. 4절의 첫 단어는 아크(אך)로 감탄사이다. 그리고 4절의 요점은 이스라엘 자손이 서로 싸우고 다투지 말라는 것이다. 즉 책망의 대상이 제사장이 아니라 이스라엘 자손임인 것을 알 수 있다.

"제사장과 다투는 자 같다"(4절) 라는 표현은 직유법을 사용하여 이스라엘 백성의 잘못을 지적한 것이다. 이 표현 가리키는 바는 너무 쉽게 다투고 싸운다는 것이다. 일반적으로 제사장은 신실하고 거룩한 신분의 사람인데 그들하고도 다투는 사람들과 마찬가지라는 것은 이스라엘 백성들이 상식을 벗어난 행동을 하고 있다는 것이다. 중요한 것은 이 표현이 제사장을 책망하거나 비판하는 것이 아니라는 점이다.

5절에서 책망받는 대상은 누구인가? 5절을 읽는 독자는 '예언자'라는 단어가 나타나는 것을 보면서 예언자와 함께 넘어지는 존재는 종교지도자인 제사장일 것이라는 상상을 하게 된다. 그러나 5절에서도 4절과 마찬가지로 청중은 계속 "이스라엘 자손"이다. 이스라엘 자손이 낮에 걸려 넘어진다는 것은 밝은 대낮에 눈으로 얼마든지 장애물을 식별할 수 있음에도 걸려 넘어진다는 것이다. 어떤 경우인가? 술 취했거나 부주의해서 넘어지는 것이다. 따라서 지금 이스라엘 자손의 상태는 정신이 혼미한 상태라는 것을 알 수 있다.

그리고 예언자가 밤에 걸려 넘어진다는 것은 예언자가 선견자 즉 "보는 자(seer)" 임을 상기시키며 예언자로서의 직무를 올바르게 수

행하고 있지 않다는 점을 지적한 것이다. 예언자는 보통 사람보다 특별히 신비한 환상을 보고 하나님의 말씀을 듣고 그 말씀을 전달하는 능력이 있으며 그 일을 해야 하는 사람이다. 즉 어두운 세상 가운데서도 올바르게 길을 찾아 백성을 인도해야할 책임이 예언자에게 있다. 그런데 예언자 자신이 장애물에 걸려 넘어진다는 것은 예언자가 무능력하다는 것과 직무를 올바르게 수행하지 않고 있다는 것을 드러내는 것이다.

이스라엘 자손의 어머니를 파멸시킨다는 것(5절)은 무슨 뜻인가? 족보로 보면 레아와 라헬을 포함하는 야곱(이스라엘)의 아내들을 가리킨다. 그런데 여기는 어머니가 단수이다. 따라서 족보 상 어머니라기보다 이스라엘 백성의 은유적 어머니이다. 이 부분은 심판선언인데 하나님의 심판의 대상이 될 수 있는 것은 이스라엘 백성을 품고 있는 이스라엘 땅, 이스라엘 국가, 이스라엘의 수도 사마리아 등을 들 수 있다. 이 가운데 사마리아는 은유적으로 여성으로 등장한다.[83] 따라서 "(이스라엘 자손)의 어머니"는 사마리아를 가리키며, 결국 5절의 이 부분은 사마리아의 파멸을 선언한 것이라 볼 수 있다.

한걸음 더 나아가 6절은 청중이 '제사장'이 아님을 분명하게 보여준다.

6c절에 "내가 너를 나의 제사장이 되지 못하게 하리라"는 내용에서 발견할 수 있는 것은 청중인 '너(you)'는 제사장이 아니라는 사실이다. 만일 '너'가 야웨 제사장이라면 이미 제사장이 된 사람들에게 이러

83) J. Galambush, *Jerusalem in the Book of Ezekiel: The City as Yahweh's Wife* (SBLDS 130; Atlanta, Ga. Scholars, 1992), 127-63.

한 말을 할 수가 없다. 또한 이러한 내용에서 발견할 수 있는 것은 하나님이 제사장을 비난하는 것이 아니라 오히려 제사장에 대해 긍정적인 생각을 하고 있다는 사실이다. 왜냐하면 이스라엘 백성에게 "너는 나의 제사장 나라가 될 것이라"는 말을 할 정도로 이스라엘의 역할을 강조한 부분이 성서에 있는데 여기에서도 이러한 생각이 저변에 흐르고 있기 때문이다. 야웨 제사장은 하나님께서 특별히 성별하여 세운 사람들이다. 이와 같이 이스라엘 백성도 여러 나라 가운데서 하나님이 구별하여 세운 민족으로 제사장 역할을 감당해야 하는 것이다. 따라서 6절의 청중은 제사장이 아닌 "이스라엘 자손"(1절)이다.

6d절에는 율법을 잊어버렸다고 책망하고 있는데 율법은 제사장만 알고 있는 것이 아니다. 이스라엘 백성 모두가 알아야 할 것이며 그 율법을 생활에 실천해야만 하는 것이다. 따라서 6d절을 제사장만 비판하는 구절이라고 판단할 수 없다. 하나님의 율법 즉 하나님의 선한 가르침을 잊어버린다는 것은 하나님 자신을 잊어버리고 무시해버리는 것을 말한다.

제사장에 대한 이러한 시각을 바탕으로 6절 해석을 계속해 보면 6절은 이스라엘 자손에 대한 하나님의 책망과 하나님의 사랑이 중첩되어 있음을 또한 발견할 수 있다.

6e절의 "내가, 내가 너의 아이들을 잊어버릴 것이다"는 내용은 5c절의 "너의 어머니를 파멸시키리라"는 내용과 연결된다. 어머니는 이스라엘 자손의 바탕이라면 아이들은 이스라엘의 희망이요 가장 소중한 것이다. 그런데 하나님께서 아이들을 돌보지 않으시고 잊어버리신다는 것은 희망이 사라진다는 말과 같다. 미래의 희망이 없어지는 것이다. 여기서는 부모와 아이라는 가족 이미지가 활용되었다.

"내가"라는 것을 거듭 강조한 것은 심판의 주체가 하나님 자신임을 강조한 것이다. 심판이 임하는 것은 악마나 악신이 재앙을 내려서가 아니라 하나님의 교육적 회초리임을 강조한 것이다.

6e절의 핵심은, 이스라엘 자손이 하나님의 율법 즉 하나님을 무시해 버리면 이스라엘은 장래의 희망을 바랄 수가 없다는 뜻으로 요약된다.

그러나 하나님은 죄를 많이 짓고 반역하는 이스라엘 자손을 향해 여전히 "내 백성(암미)"(6a절)이라고 부른다. 이스라엘 자손은 하나님을 잊어버리고 반역하였어도 하나님은 여전히 "너희는 내 백성이요 나는 네 하나님"이라는 특별한 관계를 유지하면서 희망을 버리지 않으신다.

6절에는 '지식'이라는 단어가 두 번이나 반복되는데 이 단어는 1절의 "하나님을 아는 것" 즉 "하나님을 아는 지식"을 가리킨다. 그리고 하나님을 아는 지식이 없으므로 심판을 받는다는 1-3절의 맥락과 동일하게 6절에도 이 지식이 없으므로 망한다고 경고하고 있다. 그리고 1절에서도 지적했듯이 이 지식은 하나님에 관한 정보를 이해하는 수준이 아니라 하나님과 함께 한 가족이 되어 살아가는 것을 가리킨다.

2. 7-9절에 나타나는 '제사장'

7-9절의 "그들"은 누구인가?

7-8절의 '그들'은 언뜻 보면 제사장들을 가리키는 것 같다. 그러나 '그들'은 다른 사람들을 가리킨다. 우선 '그들'은 '내 백성'과는 동일하지 않다(8절). 그리고 '그들'은 원래 야웨를 섬겼는데 지금은 야웨를 버린 상태이다(10절). 따라서 '그들'은 이방사람들이 아니라 이스라

엘 내부의 사람들이다. 그리고 '그들'은 최근 많이 증가했으나 하나님께 범죄를 또한 많이 저지르고 있었다(7절). 이러한 특징이 있으며 하나님으로부터 강한 질책을 받고 있는 '그들'은 아마도 예후왕조를 무너뜨린 살룸의 반란세력으로 보인다(주전 747년). 살룸은 예후왕조의 마지막 왕 스가랴에 대항하여 쿠데타를 일으켜 왕위에 올랐다. 그러나 그는 1개월 만에 므나헴에 의해 학살되었다. 피가 피를 부르는 참극이 일어난 것이다(2절). 살룸은 반앗수르 성향을 가진 인물이었으며 에브라임 지파 출신이었다.

7절: 그들(살룸의 반란세력)이 많아질수록 하나님께 더욱 범죄한다.

'그들' 즉 쿠데타를 일으킨 살룸의 지지 세력이 많아진다는 것은 반란세력의 힘이 세어지는 것을 가리키며 학살을 포함한 폭력이 난무하는 상황이 이어진다. 이러한 현상을 가리켜 하나님께 범죄하는 횟수도 동시에 늘어난다고 표현한 것이다. 그다음 7b절에는 심판이 선언된다. 그들의 영광을 부끄러운 것으로 만들어버리겠다는 것이다. '수치'라고 번역한 단어 칼론(קָלוֹן)은 "불명예(dishonor)"라는 기본 뜻이 있다. 쿠데타가 성공해서 왕위에 올랐지만 1개월 만에 살룸은 므나헴에 의해 학살되었다.[84] 살룸의 영광은 땅에 떨어져 버렸다.

8절: 그들(살룸의 반란세력)이 죄악에 입맛을 다신다.

8절의 압도적인 이미지는 제사장 이미지이다. 제사장은 제물을 먹을 수 있으며 백성들의 죄가 많을수록 제사횟수도 늘어나고 제물도 많이 먹을 수 있다(레 6:24-30). 8절에서는 이러한 제사장의 이미지를 활용

84) 정중호, 이스라엘역사, (서울: 대한기독교서회, 1994), 197-198.

하여 살룸의 쿠데타의 잘못을 지적하고 있다.

개역에는 "저희가 내 백성의 속죄 제물을 먹고 그 마음을 저희 죄악에 두는도다"라고 번역하였다. '하타아트'라는 단어의 기본적인 의미는 '죄'이며 제사의 한 종류인 "속죄제(정화제사)" 혹은 "속죄제물"로도 번역할 수도 있지만 여기서는 8b절의 '죄악'과 평행되는 단어이기에 '죄'로 번역한다. 따라서 8절의 '그들'을 속죄 제물을 먹을 수 있는 제사장만을 가리키는 것으로 볼 수 없다

'그들'은, 7절에서 밝힌 바와 같이, 쿠데타를 일으킨 살룸의 세력으로 백성들의 지지가 절대 필요한 상태였다. "내 백성의 죄를 먹는다"에서 '죄'는 야웨의 이름으로 맺은 앗수르와의 조약을 파기하고 반앗수르로 돌아서는 것을 가리킨다. 따라서 이 구절은 반앗수르 경향에 동조하는 이스라엘 백성들의 지지로 인해 살룸이 세력을 얻게 된다는 것을 가리킨다. 그리고 살룸의 세력이 백성의 죄악에 입맛을 다신다는 것은, 백성들이 계속해서 반앗수르 정책을 펴는 살룸을 지지해 주기를 바란다는 것을 묘사한 것이다. 이러한 죄악에 대한 탐욕은 후일 반앗수르 반란 세력으로 이어지며 북왕국 이스라엘의 멸망 원인이 되었다.

9절: 그들(살룸의 반란세력)에 대한 심판 선언

9절에는 갑자기 삼인칭 단수 남성형으로 나타난다. 아마도 7-8절에 나타난 '그들'을 집합적 단수로 표현한 것으로 보인다. 따라서 번역할 때는 '그들'로 번역한다. 9b-c절을 보면 하나님이 살룸의 세력에 심판을 내릴 것이라는 심판선언임을 알 수 있다. 그런데 9a절의 "백성같이 그리고 제사장같이 된다"는 뜻이 무엇인가? 쿠데타를 일으킨 살룸이 백성과 같이 지지기반을 광범위하게 확보한다는 것을 의미한다. 그리고 6c절을 참조할 때 제사장이 된다는 것을 하나님은 긍정적인 시

각으로 보는 것을 발견할 수 있다. 따라서 제사장같이 된다는 것은 제사장과 같이 거룩하게 구분된 지위 즉 왕위에 오른다는 것을 의미한다고 볼 수 있다. 사실 살룸은 1개월에 불과하지만 왕위에는 올랐다. 따라서 9절 전체의 구도를 보아 9b절의 접속사를 "그러나(but)" 로 번역한다.

IV. '음행'의 의미와 국제정세

10-19절 부분에서 가장 반복되는 단어는 "행음하다(זנה, 자나)"라는 단어이다. 10, 12, 13, 14, 15, 18절에 이 단어가 나타나며 파생어인 "창기(זנה, 조나)"가 14절에 나타나고 "음행(זנות, 즈누트)"이 11절에, 그리고 "음행"(זנונים, 즈누님)이 12절에 나타난다. 또한 이와 연관된 단어인 "음행하다, 간음하다(נאף, 나아프)"가 13절과 14절에 나타난다.

이렇게 자주 반복되는 "음행"이라는 단어는 무엇을 가리키는가? "음행"을 저지르는 것을 성적(性的)행위로 볼 것인가에 대해서는 논란이 있다. 우선 혼음제의(sex rite)가 구약에서는 분명하게 나타나지 않는다.[85] 그리고 "음행"이라는 단어가 성교를 가리키기보다 우상을 섬기는 행위를 묘사할 때 사용된다는 사실이다(출 34:15-16). 한걸음 더 나아가 우상과 음란한 행위를 하는 것은 종교적인 행위일 뿐만 아니라 국제정치적인 행위이다. 즉 살룸과 베가로 연결되는 반앗수르 반란 행위를 가리키는 것이다. 야웨의 이름을 부르며 맺은 조약을 파기하고 반앗수르 동맹을 만들어 반란을 도모하는 행위를 가리키는 것

85) D, Stuart, *Hosea-Jonah*, WBC, (Nashville: Word Inc, 1987), 37.

이다.

호세아에 나타나는 딸 혹은 여성들은 이스라엘의 수도 사마리아와 도시들을 가리킨다고 볼 수 있다.[86] 따라서 딸과 며느리가 행음한다는 것은(14절) 중요한 도시들이 반앗수르 동맹에 가입하여 함께 반란을 도모하고 있다는 것을 표현한 것이다. 산에서 언덕에서 그리고 나무 아래서 음행을 저지른다는 것은 종교적 우상숭배의 이미지를 활용해서 정치적 반란행위를 비판한 것이다. 동시에 반란동맹체 형성에서 종교의식이 수반된다는 점을 감안한다면 실제 일어난 일을 사실적으로 묘사한 것으로도 볼 수 있다.

또한 "사랑(אהב, 아하브)"이라는 단어도 "음행"이라는 단어와 관련있으며 비슷한 의미를 타나내고 있다. "사랑"이라는 단어를 사용하여 봉신계약을 체결하는 예는 앗수르와 봉신국가 간의 계약에서 발견할 수 있다.[87] Norvert Lohfink는 사랑이 계약체결에 사용된 예가 호세아 9:15임을 주장했다.[88] M. Nissinen은 호세아 4장과 신앗수르 계약문과의 상관성에 대해 논문을 발표하였다.[89] 그리고 H. W. Wolff는 호세아 8:9을 아수르니라리 5세와 아르팟의 마티일루와의 계약과 관련

---

86) J. H. Hayes, "Understanding the Book of Hosea," (한국구약학회 춘계세미나 발표논문, 한국구약학회, 1996), 1-4.

87) W. L. Moran, 5"The Ancient Near Eastern background of the love of God in Deuteronomy," *CBQ* 25(1963), 84 ; E. Göran, *Grapes in the Desert* (Almqvist & Wiksell International, Stockholm, Studenlitteratur, Lund, 1996), 62 ; J. H. Hayes, "Covenant," *Mercer Dictionary of the Bible* (W. L. Mills ed.; Macon: Mercer University, 1990), 177-81.

88) N. Lohfink, "Hate and love in Osee 9,15," *CBQ* 25(1963), 417.

89) M. Nissinen, *Prophetie, Redaktion und Fortschreibung im Hoseabuch: Studienn zum Werdegang eines Prophetenbuches im Lichte von Hos 4 und 11*, AOAT 231; (Neukirchen Vluyn 1991), 168-186.

지어 해석하면서 계약을 어기는 것을 음행으로 표현한다고 주장하였다.[90)]

"음행"에 대한 이러한 해석을 바탕으로 10-19절을 새로운 시각으로 해석해 보면 다음과 같다;

10절: 지켜주시는 야웨를 버렸으므로 기근과 굶주림이 닥친다.

10절은 야웨를 버렸기 때문에 굶주림과 반란의 실패라는 참담한 상황을 맞이하게 될 것이라는 심판예언이다.

10-13절에 나타나는 '그들'은 12절에 나타나는 '내 백성'을 가리키는 것이다.

10a절의 먹어도 배부르지 않는다는 표현과 유사한 표현은 레위기 26:26에서도 발견된다. 레위기에서는 먹을 것이 조금밖에 되지 않기 때문에 허기를 메꿀 수 없다는 뜻으로 이 구절이 사용되었다.[91)] 따라서 기근이 와서 굶주리는 재난을 만나는 것으로 볼 수 있다.

10b절의 행음해도 자식을 생산하지 못한다는 것은 문자 그대로 볼 때 자식이 없어 대가 끊어진다는 것으로 볼 수 있다. 그러나 행음이라는 단어가 하나님을 거역하며 국제적 조약을 파기하고 반앗수르 동맹에 가입한다는 것으로 볼 때 반앗수르 반란 계획이 성공하지 못하리라는 예언으로 볼 수 있다.

개역개정에는 10c절의 "지켜주시는 (야웨)"라는 단어 리셔모르(לִשְׁמֹר)

---

90) H. W. Wolff, *Hosea*, 143. J. B. Pritchard, *ANET* 3rd Ed. (New Jersey: Princeton University Press, 1974), 532-33. prostitute 라는 단어가 나타남.

91) "내가 너희의 양식을 파괴시키면 열 명의 여자들이 너희의 먹을거리를 한 화덕에서 구울 것이며, 저울에 달아서 너희의 먹을거리를 줄 것이며, 너희가 먹어도 배부르지 않을 것이다"(레 26:26).

를 번역하지 않았다.

11절: 통제 불가능한 반앗수르 정서

술과 성(sex)은 유혹의 대명사다. 이러한 유혹이 마음을 빼앗는 것은 자연스러운 일이다. 그런데 특별히 여기서 이러한 표현이 사용된 것은 반앗수르 정서가 술취하듯 혹은 성의 유혹에 넘어가듯 걷잡을 수 없을 정도로 확산되어 가는 모습을 표현하기 위해서이다.

12절: 하나님을 떠나 음행(반앗수르 반란)을 저지르는 이스라엘 자손

6절과 8절에 이어 "내 백성"이라는 단어가 다시 나타난다. 심판이 선언되는 와중에서도 이스라엘 자손에 대한 하나님의 사랑을 다시금 표현한 것이다.

"음란한 영이 오도하여 그들의 하나님을 떠나..."라는 표현은 양이 악한 목자를 따라 가는 이미지를 활용한 것이다.[92] "나무"나 "막대기" 등의 단어들도 목자의 지팡이를 연상시키는 단어들이다.

13절: 반앗수르 동맹국가들과 빈번하게 교류하는 이스라엘 자손

"너희... 너희..."가 나타나는 것을 보아 하나님이 청중에게 직접 말씀하시는 상황임을 알 수 있다.

"푸른 나무 아래서(under every geen tree)"라는 구절은 주로 이방 제의와 관련되어 나타나는 구절이다(신 12:2). 그런데 호세아는 이

---

92) F. I. Andersen and D. N. Freedman, *Hosea*, AB, (Doubleday and Company, Inc. Garden City, New York, 1980), 367.

러한 표현을 사용하지 않고 구체적인 나무 이름들을 나열하면서 그 아래서 음행을 저질렀다고 책망하고 있다.

14절: 깨닫지 못하는 백성은 망하리라.

딸과 며느리들이 음행한다는 것은 사마리아와 이스라엘의 도시들이 반앗수르 반란세력과 손을 잡고 반란을 도모한다는 것으로 풀이할 수 있다. 그런데 왜 하나님은 이 도시들을 심판하지 않으시는가? 보다 더 근본 원인을 제공하는 집단이 있기 때문이다. 즉 '그들'이다. 바로 반앗수르 정책으로 쿠데타를 일으킨 살룸의 세력이요 요르단 강 동편의 베가세력이다. 이들이 먼저 반앗수르 동맹체에 연합하여 반란을 추진하였기 때문에 이스라엘의 도시들이 합세한 것이다.

그런데 이러한 내용을 표현할 때 마치 결혼한 아내와 남편이 각각 간음을 하는 이미지를 활용하고 있다. 아내(딸, 며느리)가 외간 남자와 간음을 했는데 아내를 벌주기보다 그러한 일이 일어나도록 먼저 다른 여자 즉 창기와 간음을 한 남편의 책임이 더 중하다는 내용의 이미지이다.

14절 마지막에는 깨닫지 못하는 백성의 서글픈 종말을 예고하고 있다. 아무리 백성이 시대를 판단하기 어렵다 하더라도 자신들의 장래가 걸린 중대한 문제에 대해서는 올바르게 판단할 수 있어야 한다는 것이다. 무엇이 야웨께서 원하시는 생명의 길인지는 깨달아 알아야 한다는 것이다. 그리고 이러한 백성을 올바르게 인도하는 지도자가 있다면 그 지도자야말로 칭찬받아 마땅하다. 지금 호세아가 바로 이러한 역할을 하고 있는 것이다. 백성을 깨우치고 있는 것이다.

15절: 길갈로 가지 말며 벧아웬으로 가지 말라.

15절에는 핵심적인 단어가 나타난다. 길갈과 벧아웬이다. 길갈은 요르단 동편에 있는 성소이며 벧아웬은 벧엘을 풍자해서 부르는 이름이다. "하나님의 집"이란 뜻의 벧엘을 "죄악의 집"이란 뜻의 벧아웬으로 부르며 조롱하고 있는 것이다. 길갈은 요르단 동편에서 반앗수르 세력을 키워나가고 있는 베가 세력의 중심 성소이다. 그리고 벧엘은 살룸이 왕으로 있는 북왕국 이스라엘의 중심 성전이다. 이 두 세력 모두 반앗수르 반란세력으로 호세아가 강력히 비판하는 대상들이다.

이스라엘은 이미 반앗수르 반란에 동참했지만 유다는 참여하지 말도록 종용하고 있다. 그리고 이스라엘 백성에게는 살룸의 세력을 지지하는 벧아웬(벧엘) 성전과 베가의 세력을 지지하는 길갈 성전에 순례하지 말도록 명령하고 있다. 그리고 야웨께 맹세하지 말라는 것은 야웨의 이름으로 맹세하면서 반란세력과 동맹조약을 체결하지 말라는 것이다.

16절: 완강한 암소처럼 이스라엘이 완강하구나

암소가 완강하다는 것은 어떤 경우를 말하는가? 소는 충직한 가축이다. 주인에게 반항하는 것은 거의 상상할 수 없다. 그러나 처음으로 암소에게 멍에를 메우려고 할 때는 암소가 반항하고 거부한다. 16b절의 이미지는 야웨가 농부요 이스라엘은 백성은 암소인데 그들에게 멍에를 씌우려고 하니 반항하는 것이다.[93] 즉 앗수르의 봉신으로 공물을 바치며 앗수르의 멍에를 메고 세월을 견디라고 할 때 이스라엘 백성은 거부하는 것이다.

16b절은 의문문으로 당연히 "아닙니다"라는 답을 기대하고 있다.

---

93) E. Göran, *Grapes in the Desert*, 65.

반항하는 암소를 평화롭게 들판에서 풀을 뜯는 양같이 키울 수는 없는 노릇이다. 고삐를 죄며 채찍이 필요한 상황이다. 16b절에 사용된 이미지는 목자가 평화롭게 양을 먹이는 광경이다.

17절: 에브라임에 대한 심판이 확정되었다.

에브라임이 우상과 연합했다는 것은 야웨를 버리고 우상을 섬겼다는 뜻도 되지만 에브라임이 반앗수르 동맹에 가입했다는 뜻도 된다. 이러한 에브라임을 내버려두라는 것은 더 이상 돌이키려고 노력해도 소용없으며 이미 심판이 확정되었다는 뜻도 된다.

18절: 사마리아가 함락되리라

유혹의 대명사인 술과 성적행위의 이미지를 사용하여 이스라엘이 반란세력과 계속 함께 행동하고 있다는 것을 표현해 주고 있다. "그들이... 사랑하였다(**אהב**, 아하브)"는 것도 동일하게 반란세력과 긴밀히 협조하였다는 뜻이다. 18c절의 '그녀'는 사마리아를 가리킨다. 이스라엘 죄의 결과는 사마리아의 방패(방어력)가 무너지는, 성의 함락이다.

19절; 음란한 영

개역개정에 '바람'으로 번역한 루아흐(**רוח**)는 12절의 "음란한 영(**רוח זנונים**, 루아흐 즈누님)"을 가리키는 단어로 '영'이라 번역해야 한다.[94] 그리고 영을 날개있는 새처럼 비유하여 영의 날개로(시 18:11; 104:3) '그녀'를 감쌌다고 표현하였다. 여기에서 '그녀'는 18절과 마찬가지로 사마리아를 가리킨다. 따라서 반란세력과 동조하는 바람 날개

94) H. W. Wolff, *Hosea*, 92.

로 사마리아를 감쌌다는 것은 사마리아의 분위기가 완전히 반란세력과 연합하였다는 것을 가리킨다.

호세아는 "음란한 영"을 악마나 혹은 마귀로 보지 않는다. 하나님의 뜻에 어긋나며, 나라와 백성을 파멸로 몰아넣는 잘못된 외교정책과 사상을 "음란한 영"으로 표현하고 있다. 구체적으로 말하면 당시 이스라엘을 파멸시킬 수 있는 반앗수르 반란 정신을 가리킨다.

17절부터 '그들'은 '에브라임'을 가리킨다. 에브라임이 제물로 인해 수치를 당하게 된다는 것은, 반앗수르 동맹체에 가입하는 의식인 제사를 드림으로 결국 나라가 망하는 수치를 당하게 된다는 것이다.

V. 결론

호세아 4장을 해석할 때 먼저 해결해야 할 과제는 1-3절과 4-19절을 분리해야 하는가 하는 문제이다. 앞에서 논의한 데로 1-3절은 소송양식이 아니다. 1-3절이 소송양식이 아니라 일반적인 논쟁 혹은 비판이라면 1-3절 부분과 4-19절 부분을 구분할 근거가 약해진다. 따라서 4장 전체를 하나의 해석단위로 결론지을 수 있다.

4장 해석에 있어서 가장 중요한 논쟁점은 4장에 나타나는 '음행'이라는 단어의 의미와 4장이 제사장에 대한 비판인가 아닌가 하는 문제이다.

우선 '제사장'에 관해 논의한 내용부터 정리해보자. 4-9절이 제사장과 제의에 관한 심판 예언이라는 주장이 있으나 이는 잘못된 주장이다. 왜냐하면 4, 6, 9절에 제사장이라는 단어가 나타나지만 제사장을 향해서 말하거나 제사장을 비판하는 말은 아니다. 4장 전체는 일관성 있게 청중인 이스라엘 백성을 향한 말씀이다.

구약에서 "음행"이라는 단어는 우상을 섬기는 행위를 묘사할 때 자주 사용된다(출 34:15-16). 한걸음 더 나아가 우상과 음란한 행위를 하는 것은 종교적인 행위일 뿐만 아니라 국제정치적인 행위이다. 즉 주전 8세기 후반, 살룸과 베가로 연결되는 반앗수르 반란 행위를 가리키는 것이다. 구체적으로 말한다면 "음행"이란 야웨의 이름을 부르며 맺은 조약을 파기하고 반앗수르 동맹을 만들어 반란을 도모하는 행위를 가리키는 것이다.

호세아가 통탄해 마지않은 것은 단순히 우상숭배라든가 제사장 및 예언자들의 타락상 등 종교적인 것 뿐 만 아니라 정치-군사적인 면을 포함한 사회 전반적인 문제에 대한 것이었다. 종교와 정치를 분리해야 한다는 시각이 있지만 적어도 예언자들의 경우, 아니 구약성경 전체를 보아도 그러한 시각은 없다. 현실의 역사를 주관하시는 분이 하나님이신데 역사 가운데 종교적인 부분 만 하나님께서 관심을 두실 리는 없는 것이다.

반란이 일어나고 거짓과 강도와 폭력이 난무하며 학살 사건이 꼬리를 물고 있고 온 땅과 피조물들이 고통을 당하는 현실을 바라보며 호세아는 그 근본 원인이 "하나님을 아는 지식"(1절)이 없기 때문이라 진단하였다. 즉 하나님을 존경하지 않았고 하나님을 멀리하며 멸시하였기 때문에 이러한 일들이 일어났다는 주장이다.

그러면서 호세아는 성전에 가서 제사를 많이 드리라 든가 혹은 기도를 많이 하라고 처방을 내리지는 않았다. 오히려 호세아는 길갈이나 벧아웬과 같은 큰 성전에는 가지 말라고 막고 있다. "길갈로 가지 말며 벧아웬으로 올라가지 말며..."(15절)라고 경고한 것은 길갈이 반앗수르 반란세력의 선동자인 베가 세력의 성전이었고 벧아웬은 벧엘을 조롱하여 부르는 말로 반앗수르 동맹에 가입한 북왕국 이스라엘의 중요한 성전이었기 때문이다. 이러한 경고는 단순히 종교적인 타락상을 비판하는 것이 아니라 정치적이며 군사적인 내전 상황을 부추기는 행동을 하지 말라는 경고인 것이다. 궁극적으로 호세아는 반앗수르 반란 행위가 하나님의 뜻이 아님을 선포하면서 하나님의 뜻을 올바로 깨닫기를 촉구하였다.

호세아의 예언은 단순히 무시간적인 우상숭배를 비판한다기보다 특정한 시대에 일어난 반란 사건의 와중 속에서 그 시대를 규탄하는 호세아의 예언으로 보여 진다. 아마도 호세아는 살룸의 반란으로 스가랴를 포함한 예후왕조가 학살된 주전 747년에 이 예언을 하였을 것으로 짐작된다. 또한 이 시대에 요단강 동편에서 새로운 정부를 구성하고 영토를 확장해 나간 베가를 호세아는 강력히 규탄하였다.

제7장 죄와 벌 그리고 희망
요엘 2:1-17

1. 머리말

교회력에 따라 주어진 본문이 요엘 2:1-2; 12-17 부분이지만 해석을 위해서는 요엘 2:1-17 전체를 해석할 필요가 있다. 그리고 나무를 보기 전에 멀리서 숲을 조망해 보는 것과 같이 이 본문이 요엘 전체에서 어떤 위치를 차지하고 있는지를 먼저 살핀 후 본문을 세밀하게 해석할 것이다.

요엘은 크게 두 부분으로 나눌 수 있다. 즉 전반부인 1:1-2:17과 후반부인 2:18-3:21 부분으로 나누는데 전반부는 재난과 회개 촉구로 구성되어 있고, 후반부는 희망적인 메시지로 충만하다.[95] 그런데 전반부와 후반부의 차이를 주목하면서 학자들이 요엘의 통일성에 대해 토론하여 왔다. 특히 '여호와의 날'을 전반부에서는 심판의 날로 보고 있는데 비해 후반부에서는 축복의 날로 보고 있는 점에 대해 논란을 벌였다. 그러나 전통적으로 '여호와의 날'을 축복의 날이요 승리의 날로 이해해 왔는데 이사야와 아모스 등 예언자들이 심판의 날일 수 있다는 점을 강조한 점을 본다면 여호와의 날에 대해 하나의 의미만을 주장하지 않고 두 가지의 의미 모두를 포괄할 수 있는 가능성을 볼 수 있다. 그리고 하나님은 자비하시고 노하기를 더디하시는 분이며

95) 히브리어 원문(MT)에는 1:1-2:17 부분이 1-2장으로, 그리고 2:18-3:21은 3-4장으로 구분되어 있다.

복을 주시는 분이기도 하지만 죄에 대해서는 정확하게 대가를 치르게 하시는 분, 정의를 수호하시는 분임을 고려할 때 여호와의 날이 두 가지의 의미를 가질 수 있음을 또한 생각할 수 있다. 따라서 비록 전반부와 후반부의 차이가 있음에도 불구하고 요엘을 저자가 다른 두 권의 다른 책으로 나눌 필요는 없어 보인다.[96)]

그리고 저자와 시대적 배경에 대해서는 단서를 발견하기 어려운 면이 있다. 시대의 경우 고대 이스라엘부터 시작해서 포로후기까지 다양하게 주장해왔으며 어느 한 시대를 고집할 수 없는 상황이다. 따라서 저자와 시대적 배경을 확정하는데 시간과 에너지를 소모하기보다 본문에서 강조하는 메시지를 발굴하는데 전력을 기울이는 편으로 가닥을 잡아본다.

요엘의 구조는 우선 여러 장면들이 나타나기 때문에 장면별로 구성을 해 볼 필요가 있다. 더글러스 스튜어트(Douglas Stuart)가 파악한 구조를 참조하여 장면별로 나누어 보면 다음과 같다;[97)]

표제		1:1
장면 I	메뚜기 군대의 침입과 가뭄	1:2-20
장면 II	메뚜기 심판과 회개촉구	2:1-17
장면 III	풍요와 새 날에 대한 약속	2:18-32
장면 IV	열방심판과 유다의 풍요	3:1-21

---

96) H. W. Wolff, *Joel and Amos*, trans. by W. Janzen, S. Dean McBride, Jr., and C. A. Muenchow (Philadelphia: Fortress Press, 1977) 6-8.

97) Douglas Stuart, *Hosea-Jonah* (Nashville: Thomas Nelson Publishers, 1987), 226-227.

이 가운데 두 번째 장면을 해석단위로 삼아 세밀히 분석해 보면 전반부(2:1-11)는 여호와의 날이 심판의 날임을 선포하고 있으며, 후반부(2:12-17)는 회개와 금식과 기도를 촉구하고 있음을 발견할 수 있다.[98)]

또한 개역개정판의 번역은 산문으로 번역되어 있으나 히브리어 원문(MT)은 시(詩)로 기록되어 있다. 따라서 시적인 운율과 표현을 주목하면서 현대어로 알기 쉽게 번역할 필요가 있다.

2. 본문 해석

1) 외적의 침략인가? 메뚜기 떼의 급습인가?

본문을 읽어보면 혼란스러운 점을 발견할 수 있다. 분명히 외적의 침략을 묘사하는 용어를 빈번히 사용하고 있는데도 불구하고 정말 외적의 침략을 말하는 것인지 아니면 다른 재난을 이야기하는 것인지 선명하게 구분이 되지 않는 면이 있다. 그런데 본문을 자세히 살펴보면 직유법을 자주 사용하고 있는 것을 발견할 수 있다.

> "그의 모양은 말 같고 그 달리는 것은 기병 같으며" (2:4)
> "병거 소리와도 같고...강한 군사가 줄을 벌이고 싸우는 것 같으니" (2:5)
> "용사같이 달리며 무사 같이 성을 기어 오르며..." (2:7)

98) Bruce C. Birch, *Hosea, Joel, and Amos* (Louisville, Westminster John Knox Press, 1997), 132.

외적의 침략을 묘사하는데 모두 직유법을 사용하고 있는 것을 보면 외적의 침략은 절대 아님을 알 수 있다. 그리고 "집에 기어 오르며 도둑같이 창으로 들어가니"(9절)라는 표현을 보면 군인의 모습이라기보다 1장 4절에서 구체적으로 밝힌 것과 같이 메뚜기 떼의 움직임이라 보여진다. 메뚜기 떼가 급습하는 광경을 마치 강력한 군대가 일시에 덮치는 것과 같다고 묘사한 것이다. 도대체 메뚜기 떼의 재난이 어떠하길래 이토록 엄청나고 참혹한 광경으로 묘사하고 있는가? 이스라엘 백성이 출애굽할 때 애굽에 내려진 재앙 가운데 하나가 메뚜기 재앙이었다(출 10장). 한국에서는 이러한 재난을 보기 힘들기 때문에 실감이 나지 않지만 다른 지역에서 일어난 메뚜기떼 재난을 소개하면 다음과 같다. 영화로도 만들어진 펄벅 여사가 지은 '대지'라는 소설에는 중국에서 일어난 메뚜기 떼 재난이 자세히 묘사되어 있다.

> 남쪽 하늘에 검은 구름처럼 지평선 위에 걸려 있더니 이윽고 부채꼴로 퍼지면서 하늘을 뒤덮었다. 세상이 온통 밤처럼 캄캄해지고 메뚜기들이 서로 부딪치는 소리가 천지를 진동했다. 그들이 내려앉은 곳은 잎사귀는 볼 수 없고 모두 졸지에 황무지로 돌변했다. 아낙네들은 향을 사다가 지신님께 도움을 청하는 기도를 올렸고 남정네들은 밭에 불을 지르고 고랑을 파며 장대를 휘두르며 메뚜기 떼와 싸웠다.[99)]

메뚜기 떼가 한 번 덮치면 푸른색이 완전히 사라지고 풀이라는 풀은 흔적조차 남아있지 않다. 하루에 평균 30-40km, 때로는 100km를

99) 펄 벅, 최현 옮김, 대지 (범우사, 2013), 213-216 요약.

날아다니는데 그 숫자가 10억에서 100억 마리가 함께 이동하니 이들이 잠시 머무는 장소는 완전히 황무지가 될 수 밖에 없는 것이다. 그래서 예언자는 메뚜기 떼를 공포의 군대로 비유하면서 "백성들이 질리고 무리의 낯빛이 하얘졌도다"(6절)라고 묘사하는 것이다.

2) 에덴 동산과 황무지

메뚜기 떼가 오기 전의 모습을 '에덴 동산'이라 묘사하고 메뚜기 떼가 지나간 후의 모습을 '황폐한 땅'이라 묘사하고 있다(3절). 농작물 뿐 만 아니라 짐승이 먹을 풀조차 사라져 버렸기 때문이다.

그리고 이 재난을 묘사할 때 '어둠'을 맨 먼저 강조하고 있다; "캄캄한 날이요 짙은 구름이 덮인 날이라."(2절) 그런데 "새벽빛이 산꼭대기에 덮인 것과 같으니"(2절)라는 표현은 '어둠'이라는 분위기와는 어울리지 않는다. 비록 이 구절을 짙은 어둠이 깔려있는 새벽에 한 번 햇빛이 비추기 시작하면 어둠은 순식간에 사라지는 구름의 신속한 이동성을 표현한 것으로 해석하기도 하지만 설득력이 부족하다.[100] 오히려 히브리어 성서(MT) 비평장치에서 제안한 것처럼 '새벽'을 '어둠'이라 번역하는 것이 설득력 있어 보인다. 우선 '새벽빛'이라 번역한 히브리어 שַׁחַר(샤하르)가 '빛'이라는 뜻은 없고 '새벽'이라는 뜻이다. 그리고 '새벽'과 '어둠'은 동일하게 שחר인데 모음만 차이나기 때문이다. 즉 '새벽'은 '샤하르'이고 '어둠'은 '샤호르'이기 때문이다. 히브리어 성서의 모음은 후대에 붙여진 것이기에 착오가 있었을 가능성이 있기 때문

100) 이종록, "재난(災難)의 해석학 - 요엘 2장 1-17절 중심으로," 성경연구 104호 (2003), 2, 각주 9.

에 '어둠'이라 는 단어로 볼 수 있는 것이다.[101] 이렇게 읽으면 2절 전체가 어둠을 거듭 강조한 것으로 해석되어 진다.

어둠은 지상의 현상일 뿐 만 아니라 해와 달과 별이 캄캄해지는 하늘의 현상이기도 하다. 뿐 만 아니라 땅이 진동하는 지진도 이어지고 있다. 땅과 하늘이 파멸의 오케스트라를 이루고 있는 것이다. 이러한 곳에는 살 수가 없다. 그리고 이러한 재앙을 피할 방도도 없다. 사람의 능력을 벗어나는 일이 일어나고 있기 때문이다. 바로 하나님이 내리시는 형벌이기에 피할 수 있는 사람이 없다; "그것을 피할 자가 없도다"(3절),

3) 야웨의 날? 하나님은 아군인가 적군인가?

우리는 하나님이 선하시며 인자하시고 사랑이 충만하신 분이라 믿고 있다. 그래서 '아바 아버지'라고 부르고 있으며 '임마누엘' 즉 '하나님이 우리와 함께하심'을 가장 큰 축복으로 여긴다. 이러한 하나님의 모습은 후반부(12-17절)에 잘 나타나 있다; "은혜로우시며 자비로우시며 노하기를 더디 하시며 인애가 크시사 뜻을 돌이켜 재앙을 내리지 아니하시나니"(13절). 그런데 전반부(1-11절)에 나타난 하나님은 이러한 하나님이 아니시다. 전반부에 나타난 하나님은 냉철하고 정확하게 죄인에 대해 심판하시는 하나님의 모습이다. 마치 적군의 사령관이 되어 돌격해오는 것같은 하나님의 모습을 보여주고 있다. 메뚜기 군대를 몰고 온 적군의 사령관이 바로 하나님임을 분명하게 보여주고 있다(11절). 그리고 전통적으로 '야웨의 날'은 승리의 날로 알려져 있었

101) 참조; 이기락 역주, "요엘 예언서," 가톨릭사상과신학 20 (1997), 178.

다. 그러나 본문에 나타나는 야웨의 날은 심판의 날이고 형벌의 날이다(1절).[102]

왜 하나님이 아군이 아니라 적군이 되셨는가? 그것은 죄를 지었기 때문이다. 하나님은 정의로운신 분이고 세상 전체를 정의와 질서로 이끌어 가시는 분이시다. 따라서 정의에 벗어난 행동을 할 때는 단호하게 벌을 내리시고 질서를 바로잡아 가셔야 할 분이시다. 우리가 비록 하나님의 자녀이지만 죄를 지을 때는 하나님의 적이 되어 버린다. 그리고 하나님의 군대를 막을 방도는 없다. 따라서 이러한 불행한 일이 일어나지 않도록 최선을 다해야 할 것이다.

4) 옷을 찢지 말고 마음을 찢어라

하나님이 형벌을 내리시고 심판하시는 목적은 모두를 멸망시키려는 것이 아니라 경고를 하고 회개시키려는 것이다. 따라서 예언자는 하나님께 돌아가는 회개의 역사가 일어나기를 촉구하고 있다. 그리하여 애곡의 의식을 형식적으로 거행하지 말고 진정으로 뉘우치며 행동으로 하나님께 돌아설 때 용서가 이루어질 수 있다고 강조한다.

그러나 회개한다고 해서 무조건 용서가 내려지는 것은 아니다. 하나님이 보시고 결정하는 단계가 남아 있다. 이러한 결정은 하나님의 자유로운 판단에 의해서 이루어지는 것이기에 하나님께 진심으로 용서를 빌고 자비를 호소해야 한다. 하나님의 자유로운 선택을 존중하는 표현은 "주께서 혹시 마음과 뜻을 돌이키시고 ...누가 알겠느냐"(14절)

102) 윤용진, "여호와의 날(יום יהוה)의 이중성 – 선지자 요엘의 종말론을 중심으로, 성경과신학 27 (2000) 54-60; 윤용진, 여호와의 전쟁신학 (서울: 도서출판 그리심, 1998), 34-35.

라는 표현이다. 우리는 용서를 가볍게 생각하는 경향이 있고 하나님이면 아주 간단하게 처리할 수 있는 일로 여기기 쉽다. 그러나 하나님 편에서는 '용서'라는 것이 결코 간단한 문제가 아니다. 하나님은 온 우주 만물을 인도하시면서 온 우주가 질서정연하게 움직여지며, 하나님의 정의가 바로 세워지기를 원하고 계신다. 그런데 죄를 지은 죄인을 용서하면 하나님은 그 용서의 부담을 지게되며, 하나님 자신이 세운 정의의 규정을 깨뜨리게 되는 것이다. 한 국가의 통치자인 왕인 경우 한 번 왕명을 내리면 결코 변경하지 않는다. 왜냐하면 쉽게 왕명을 변경하면 그 후에는 왕의 명령이라도 위엄을 발휘하기 어렵게 되기 때문이다. 하나님도 마찬가지다. '마음을 바꾸어' 한 번 말씀하신 것을 변경하는 것이 용서인데 그것이 쉬울 리가 없나. 용서에 대한 모든 부담을 하나님이 지시게 되고 하나님의 권위가 실추되는 것이다. 그럼에도 불구하고 용서를 하시는 모습을 시편 기자는 "날마다 우리 짐을 지시는 주님이시여!"(시 68:19)라고 하였다. 이러한 부담을 감수하시면서도 용서를 베푸시는 것은 그만큼 사랑이 크다는 것을 알 수 있다.

5) 금식하며 간구하는 성회

개인적으로 마음을 찢고 진심으로 뉘우치며 여호와께로 돌아오는 행동도 있어야 하지만 공동체 전체가 한 목소리로 하나님께 용서를 비는 금식 성회도 필요하다. 이 때는 모든 사람들이 참여해야 한다. 어린이와 젖먹이도 예외가 될 수 없다. 심지어 예외로 인정받을 수 있는 신혼부부도 금식 성회에는 반드시 참석해야 한다. 왜냐하면 죄에 대한 책임은 개인적일 수도 있지만 기본적으로 공동체적이기 때문이다. 현대인들은 너무 개인적인 사고에 젖어서 공동체적인 책임에 대해 무관심할 수 있지만 공동체 전체가 함께 책임을 통감해야 하는 경우가 많이 있다. 따라서 하나님도 자주 공동체 전체에게 책임을 물으시는 것이다.

그런데 이 성회에서 공동체를 대표해서 용서를 빌어야 하는 제사장의 처지는 난감하다. 왜냐하면 잘못하여 죄를 저지른 것은 분명한데 용서해 달라는 근거를 찾기 힘들기 때문이다. 그래서 제사장은 하나님의 명예를 위해서라도 용서해 달라는 기도를 드린다; "어찌하여 이방인으로 그들의 하나님이 어디 있느냐 말하게 하겠나이까"(17절). 이스라엘 백성이 파멸하면 이스라엘 백성의 수호신인 하나님의 체면은 어떻게 되겠느냐며 하나님의 명예를 위해서라도 이스라엘 백성을 용서해 달라는 기도를 올리고 있는 것이다.

6) 소제와 전제를 드릴 수 있는 희망

14절에는 소제와 전제에 대해 이야기 하고 있다. 소제는 곡식으로 하나님께 감사의 제사를 드리는 것이고 전제는 예물로 술을 드리는 제사이다. 이들 모두 농사를 지어 추수를 해야 드릴 수 있는 예물이다. 따라서 소제와 전제를 드릴 수 있다는 것은 농사를 짓고 추수를 해서 감사의 예물을 드리는 것이니 하나님의 복을 받은 상황임을 알 수 있다.

감사의 예물을 들고 하나님께 예배를 드릴 수 있다는 것 자체가 축복이요 기뻐해야 할 일인 것이다. 주일날 예배드리는 것이 이처럼 소중하고 감사할 조건임을 이 본문은 강조하고 있는 것이다.

3. 설교를 위하여

1) 죄와 벌, 그리고 회개와 희망

메뚜기 떼 재난이 하나님이 보내신 형벌이며 그 누구도 그 재난을 막지 못한다는 점을 2장 전반부에서 강조하고 있다. 그런데 후반부에서는 회개하면 용서하실 수도 있는 자비로우신 하나님을 기대하면서 금식하고 하나님께 간곡히 기도하라고 촉구하고 있다. 이처럼 일견 모순될 것 같은 두 가지의 모습을 모두 가지고 계시는 하나님을 2장에서 한꺼번에 모두 보여 주고 있다. 분명한 것은 이 모두가 하나님의 진면목이라는 사실이다.

그동안 설교자들은 자비로우시며 용서하시는 하나님의 모습을 강조하면서 상대적으로 죄에 대해 엄중히 형벌을 내리시는 하나님의 모습을 선명하게 제시하지 못한 점이 있다. 그로 인해 죄에 대한 경각심이 엷어졌고 쉽게 용서를 받을 수 있다는 잘못된 기대감을 키워왔다. 또한 죄를 지었으면 당연히 대가를 치러야 한다는 지극히 상식적인 생각을 잊어버리곤 하였다. 그러나 오늘 본문은 죄에 대한 형벌의지가 그 누구보다도 강하신 분이 하나님임을 강조하고 있다. 따라서 죄를 지었으면 형벌을 달게 받을 각오를 하는 것이 필요하다. 그리고 우리의 죄로 인해 고통을 당하시는 하나님과 나와 가까이 있는 가족과 이웃의 고통도 함께 느껴야 할 것이다. 그러한 마음으로 하나님께 용서를 빌어야 할 것이다. 그리고는 다시는 죄를 범하지 않으리라는 결단이 있어야 한다.

예수님도 이웃에게 잘못한 점이 있으면 먼저 이웃에게 용서를 빌고 화목한 후 하나님께 제사를 드리도록 가르쳐 주셨다.

예물을 제단에 드리려다가 거기서
네 형제에게 원망들을 만한 일이 있는 것이 생각나거든
예물을 제단 앞에 두고
먼저 가서 형제와 화목하고
그 후에 와서 예물을 드리라(마 5:23-24).

동시에 죄를 지은 우리를 용서해 주시기 위해 주님께서 십자가까지 지셨다는 사실을 기억하면서 주님께 감사의 찬양을 올려 드려야 할 것이다.

결론

아모스는 하나님의 뜻이 바로 정의를 세우는 것이라고 하면서 혼신의 힘을 다해 정의를 외친 예언자였다. 아모스는 "정의를 쓴 쑥으로 바꾸었다"(암 5:7)고 질타하면서 살기 위해서라도 이 사회에 정의를 세워라고 외쳤다. 정의는 있으면 좋고 없어도 그냥 살 수 있는 것이 아니다. 정의는 반드시 우리가 사는 사회에 실현되어야 우리가 살 수 있게 된다. 마치 공기 중에 산소가 없으면 호흡을 할 수 없는 것과 마찬가지로 정의를 호흡할 수 있어야 살 수 있다. 그래서 아모스는 "오직 정의를 물 같이 흐르게 하고, 공의를 마르지 않는 강 같이 흐르게 하라"(암 5:24)라고 외친 것이다.

정의의 내면을 들여다보면 경제가 큰 비중을 차지하고 있음을 발견하게 된다. 먹고 사는 현실적인 문제에 정의가 실현되어야 비로소 정의가 제 자리를 차지하게 되는 것이다. 아모스가 활동했던 주전 8세기에는 무슨 일이 일어났는가? 이스라엘과 유다는 왕정이 자리를 잡고 왕실을 중심으로 권력층이 두터워질 무렵 빈부격차가 심화되는 사태가 일어났다. 한정된 토지를 두고 권력자와 약자 간에 줄다리기가 시작되었다. 결과는 불을 보듯 뻔한 것이었다. 권력자들이 여러 가지 방법을 동원하여 약자의 토지를 끌어모으게 된 것이다. 빚을 갚지 못해 차압한다는 명목으로, 때로는 국가를 위해 토지를 징발한다는 명목으로, 때로는 영토를 확장할 때 점령한 지역을 국유지로 선언하는 방법 등 다양한 방법을 동원하여 권력자들과 부자들의 수중으로 토지가 들어가게 되었다. 이러한 현상이 주전 8세기에 뚜렷하게 일어나고 있었으며 예언자들은 이러한 불의한 행동을 질타하였다.

> 밭들을 탐하여 빼앗고 집들을 탐하여 차지하니 그들이 남자와
> 그의 집과 사람과 그의 산업을 강탈하도다. (미 2:2)
> 가옥에 가옥을 이으며 전토에 전토를 더하여 빈틈이 없도록 하고
> 이 땅 가운데에서 홀로 거주하려 하는 자들은 화 있을진저. (사 5:8)

아모스는 국제적인 노비매매에 대해 질타하였다. 이스라엘 뿐 만 아니라 주변의 외국에 대해서도 엄중하게 질책한 것이다. 에돔으로 노비를 팔아넘긴 가사의 행위에 대해 책망하였으며 (암 1:6), 에돔으로 노비를 팔아넘긴 두로도 책망하였다. 당시 에돔에는 구리광산이 있었으며, 에돔을 중개지로 하여 아프리카와 아라비아 방면으로 노비를 매매하기도 하였기 때문에 노비 수요가 많았다. 또한 전도서의 기록을 보면 이러한 노비매매가 일상적으로 이루어졌음을 알 수 있다; "남녀 노비들을 사기도 하였고 나를 위하여 집에서 종들을 낳기도 하였으며..."(전 2:7).

당시 노비들은 대부분 빚을 갚지 못해 팔려나온 노비들이었다. 빚을 갚지 못해 토지를 차압당하고 끝에는 가정이 깨어지고 가족이 뿔뿔이 흩어지며 노비로 붙잡혀 가는 현실을 보면서 예언자들은 목청을 돋우어 하나님의 뜻인 정의를 부르짖었다. 정의가 무너진 사회란 마치 벼랑 끝으로 질주하는 기관차 같은 모습이라 본 것이다. 악행을 저지른 소수의 권력자 뿐 만 아니라 공동체 전체가 파멸할 수밖에 없다는 점을 지적하면서 살 길을 찾아야 한다고 소리를 높였다.

아모스가 이처럼 정의를 부르짖었지만 권력자들과 부자들은 악행을 그치지 않았고, 결국 북 이스라엘 왕국은 주전 722년 앗수르에게 멸망을 당하였다. 성경은 이러한 사실을 알려주면서 오늘날 우리가 어떻게 살아야 히는지를 가르쳐 주고 있다. 한국도 세계에서 빈부격차가 극심한 나라로 분류되고 있다. 부익부 빈익빈이라는 현상이 이대로 지속되기만 한다면 파국을 맞을 수밖에 없을 것이라는 것을 충분히 예견할 수 있다. 공동체 전체가 살기 위해서라도 경제정의를 실현시켜야 한다.

한국 헌법에는 아래와 같이 '경제민주화'라는 내용이 포함되어 있다. 경제민주화 조항은 1987년 헌법 개정을 통해 새로운 헌법 원리로 포함된 것이다.

> 국가는 균형있는 국민경제의 성장 및 안정과 적정한 소득의 분배를 유지하고, 시장의 지배와 경제력의 남용을 방지하며, 경제주체간의 조화를 통한 경제의 민주화를 위하여 경제에 관한 규제와 조정을 할 수 있다. (헌법 제119조 2항)

중요한 것은 이러한 헌법정신을 구현할 수 있는 구체적인 방안이 제시되어야 한다는 것이다. 이처럼 경제 정의는 성경에서만 강조하는 것이 아니라 사회에서도 이미 주목을 받고 있고 법조항에도 포함되어 있다. 성경에서는 과부와 고아와 이주자로 대표되는 약자를 돕는 일을 최우선적인 일로 제시되어 있고, 가난한 사람들이 기본적인 생활을 영위해 나갈 수 있는 근본적인 방안인 면제년과 희년이 제시되어 있다. 이러한 정신은 기독교와 사회가 서로 도울 수 있는 공통관심사로 발전할 수 있을 것이며, 기독교가 사회에 희망을 줄 수 있는 기쁜 소식이 될 수 있을 것이다.

예언자들은 국가의 흥망에 대해 깊은 관심을 기울이며 경고의 나팔을 불기도 하고 회복의 메시지를 선포하기도 하였다. 예언자들은 깊은 골방에서 신비한 환상을 보는 것만 기다리는 사람이 아니었다. 이미 선포된 예언들을 재해석하기도 하고 국제정세를 파악할 수 있는 자료를 얻기 위해 노력한 지도자들이기도 하였다. 이러한 예언활동을 하는 와중에서 예언자들이 타인의 신분으로 밖에서 공동체를 보는 위치에 있지 않다. 예언자들도 공동체의 한 구성원이 되어 공동체의 운명과 같이 하는 모습을 볼 수 있다. 이러한 자세로 임하기에 예언 안에는 예언자의 절박한 심정이 새겨져 있는 것이다. 유다가 멸망당할 때 예언자 예레미야는 바벨론에 끌려갈 뻔하였고, 나중에는 이집트로 끌려갔다.

예언자들은 정치에 깊이 관여하였다. 예언자들이 기름을 부어 왕을 세우기도 하고, 쿠데타를 일으키는 일에 깊이 관여하기도 하였다. 이러한 활동은 하나님의 뜻을 이 사회에서 구현하는 구체적인 행동 중 하나라 볼 수 있다. 또한 백성들이 포로로 잡혀 갈 때는 포로들에게 멀리서 목회서신을 보내어 용기를 잃지 않고 희망을 가지고 살아갈 수 있도록 지도하기도 하였다. 이러한 대표적인 경우가 바벨론으로 목회서신(렘 29장)을 보낸 예레미야의 활동이다.

한국은 휴전상태에 있으면서 평화적인 통일을 염원하고 있다. 에스겔이 남북통일을 염원했듯이 한국도 분단된 현실을 치유하면서 하나가 될 수 있다는 메시지가 절실히 필요한 상태다. 여러 가지 요인들을 분석해보면 평화적 통일이 그리 녹녹한 일이 아님을 발견할 수 있다. 그러나 날마다 새롭게 창조하시는 하나님의 의지와 노력을 보면서, 기독교가 이 민족에게 희망을 줄 수 있어야 한다.

참고문헌

김태훈, "고대의 한 사회제도(마르제아흐)에 대한 아모스의 비난" 성경연구 127(2005년 6월), 1-17.

______, 사자의 부르짖음: 예언자 아모스의 선포와 삶, 한국성서학연구소, 2012.

김희보, "구조적인 사회악에 항거한 선지자 아모스." 목회와신학 36 (1992년 6월), 42-50.

______, 구약 아모스 주해. 서울: 총신대학교출판부,1998.

류호준, "본문연구 2 : 아모스 3 - 6장." 그말씀 (1997년 7월), 98 - 127.

______, 아모스: 시온에서 사자가 부르짖을때. 서울: 크리스찬 다이제스트, 1999.

박상훈, "아모스서 설교를 위한 주석과 적용-아모스서의 역사적 배경과 메시지의 특이성." 그말씀 (1997년 7월), 48-53.

______, "아모스서 설교를 위한 주석과 적용-본문 연구 1: 아모스의 표제." 그말씀 (1997년 7월), 79-84.

______, “아모스서 설교를 위한 주석과 적용-아모스서 연구 및 설교를 위한 참고문헌.” 그말씀 (1997년 7월), 183-187.

______, “아모스서에 나타난 종말론.” 목회와 신학 88(1996년 10월), 180-183.

______, “아모스서 설교를 위한 주석과 적용-아모스서의 역사적 배경과 메시지의 특이성.” 그말씀 (1997년 7월), 48-53.

박종수, “아모스 5:1-17 연구: 사회·경제사적인 이해,” 구약논단 제5집 (1998), 97-132.

박준서, 이스라엘아! 야웨의 날을 준비하라. 서울: 대한기독교서회, 2001.

방석종, 호세아, 요엘, 대한기독교서회, 2007.

서길원, “계약에 대한 8세기 예언자들의 침묵: 아모스 호세아를 중심으로.” 신학과 현장 7(1997년), 232-245.

서용원, “미가의 논쟁설화에 나타난 생존 모티브.” 한국기독교신학논총 40 (2005년 7월), 97-128.

우택주, 8세기 예언서 이해의 새 지평. 대한기독교서회, 2005.

______, “아모스서의 난해구절(2:6b, 2:7c, 4:3b, 8:5)의 새로운 번역을 위한 주석적 고찰.” 성경원문연구 15(2004년 11월), 135-157.

______, “자랑을 조롱으로 바꾸시는 하나님- 8세기 유다의 집약농업정책과 미가의 심판신탁(미가 2:1-11).” 福音과 實踐 32(2003년 가을호), 65-86.

윤용진, 여호와의 전쟁신학, 서울: 도서출판 그리심, 1998.

______, “여호와의 날(יום יהוה)의 이중성 - 선지자 요엘의 종말론을 중심으로,” 성경과신학 27 (2000), 39-77.

이기락 역주, “요엘 예언서,” 가톨릭사상과신학 20 (1997), 171-191.

이동주, “미가서에 나타난 정의와 공의.” 장신논단 15(1999년), 56-73.
이종록. “아모스 2:6-16 연구.” 神學理解 9(1991년), 90-103.
______, “재난(災難)의 해석학 - 요엘 2장 1-17절 중심으로,” 성경연구 104호 (2003), 1-18.
이학재, “미가서의 구조와 신학.” 그말씀 143(2001년 5월), 30-37.
이형원, “미가 시대의 역사적 배경.” 그말씀 143(2001년 5월), 10-17.
임상국, “아모스의 사회비판과 (계약법전)의 형성.” 신학과 세계 39 (1999년 가을호), 39-68.
왕대일, “아모스가 부르는 조가, 우리가 불러야 할 조가.” 기독교사상 (1995년 8월), 242-251.
장석정, “아모스 7장의 개념성 연구.” 현대와 신학 27(2002년), 252-272.
이영미, “예루살렘 이사야의 생태 은유를 통한 예언: 이사야 5장 1-7절과 11장 1-9절을 그 실례로,” 신학연구, 제48집, (2006), 17-36.
정중호, “고대 이스라엘 사회의 게르에 관한 연구,” 사회과학논총 제23권 1호(2004), 511-525
______, “고대 이스라엘의 남북 관계에 관한 역사적 연구,” 기독교사상 406 (1992. 10), 44-65.
______, ‘귀환 이주’가 구약에서 강조된 이유,” 구약논단 39집, (2011), 138-139.
______, “미가 6:1-8 연구.” 啓明神學 8(1993년), 63-86.
______, 설교자를 위한 호세아 해석. 크리스천헤럴드, 2006.
______, 열왕기하 (성서주석 11). 서울: 대한기독교서회, 1995.
______, 이사야 1-23. 프리칭아카데미, 2009.
______, 이사야 24-39. 프리칭아카데미, 2010.
______, 이사야 II. 대한기독교서회, 2003.

______, 이스라엘 역사, 서울: 대한기독교서회, 1994.
______, 하나님의 공동체, 계명대학교출판부, 2012.
정중호, 최기수, "앗수르와 이집트 관계에 관한 역사적 연구," 구약논단 제4집 (1998), 191-199.
주현철. "아모스서 5장 연구." 광신논단 4(1992년), 19-68.
차준희, "예레미야의 성전 설교와 미가 전승." 舊約論壇 1(1995년 9월), 205-232.
______, "예언선포에 나타난 '해산의 진통 이미지'에 대한 주석적 연구-미가 예언과 예레미야 예언을 중심으로." 教授論叢 6(1995년 6월), 211-224.
______, "예언자의 '탄식 촉구'에 대한 연구-미가 예언과 예레미야 예언을 중심으로," 教授論叢 7(1995년 11월), 437-452.
최기수, "아모스 1:1-15의 구조분석." 성결대논문집 24(1995년), 127-150.
______, "아모스의 제의에 대한 연구 - 아모스 5:21-27석의." 성결대논문집 21(1992년), 157-178.
______, "다시 아모스를 불러오라." 목회와 신학 95(1997년 5월), 82-85.
최인기, "아모스서의 문학적 구조와 문학단위 분할의 문제." 舊約論壇 7 (1999년), 69-93.
Albertz, Rainer, *A History of Israelite Religion in the Old Testament Period*, Vol II: From the Exile to the Maccabees, Louisville and Kentucky: Westminster/John Knox Press, 1994.
Andersen, F. I. & Freedman, D. N. *Hosea*. AB; Garden City, New York: Doubleday and Company, Inc, 1980.
Birch, Bruce C. *Hosea, Joel, and Amos*, Louisville, Westminster John Knox Press, 1997.

Chavel, Simeon, "'Let my people go!' Emacipation, revelation, and scribal activity in Jeremiah 34.8-14," *JSOT*, 76, (1997), 71-95.

Childs, B. S. *Isaiah and the Assyrian Crisis*. London: SCM Press, 1967.

Clements, R. E., *Isaiah 1-39*, NCBC: Grands Rapids: Wm. B. Eerdmans, 1980.

Coote, Robert B. 아모스서의 형성과 신학. 우택주 역. 서울: 대한기독교서회, 2004.

______, *Amos among the Prophets: Composition and Theology*, Philadelphia: Fortress, 1981.

de Roche, M. "Yahweh's rib against Israel: A reassessment of the so-called 'Prophetic Lawsuit' in the preexilic prophets," *JBL* 102(1983), 563-574.

Dever, William, "이스라엘과 가나안인을 어떻게 구별할 수 있을까?" Hershel Shanks 등 편집, 고대 이스라엘의 기원, 강승일 옮김, 한국신학연구소, 2008.

Freedman, D. N. edit. *The Anchor Bible Dictionary* vol.4. Yale University Press, 1992.

Galambush, J. *Jerusalem in the Book of Ezekiel: The City as Yahweh's Wife*. SBLDS 130; Atlanta: Scholars, 1992.

Göran, E. *Grapes in the Desert*. Almqvist & Wiksell International, Stockholm, Studenlitteratur, Lund, 1996.

Gunkel, H. "The Israelite Prophecy from the Time of Amos," *Twentieth Century Theology in the Making*, J. Pelikan ed. New York: Harper & Row, 1969, 48-75.

Hanson, P., *The Dawn of Apocalyptic: The Historical and*

Sociological Roots of Jewish Apocalyptic Eschatology, Philadelphia: Fortress, 1975.

Haran, M. "Observation and on the Historical Background of Amos 1:2-2:6," *IEJ* 18(1968), 288-292.

Hayes, J. H. *Amos, The Eighth-century Prophet: His Times & His Preaching*, Nashville, 1998.

______, "Covenant," in *Mercer Dictionary of the Bible*. W. L. Mills ed.; Macon: Mercer University, 1990, 177-182.

______, "Understanding the Book of Hosea," 한국구약학회 춘계 세미나발표논문, 한국구약학회, 1996.

Hayes, J. H. and Hooker, P. K. A New Chronology for the Kings of Israel and Judah and Its Implications for Biblical History and Biblical History and Literature. Atlanta: John Knox, 1988. 정중호역, 이스라엘과 유다 역사 - 新年代記 서울: 기독교서회, 1991.

Hayes, J. H. and S. A. *Irvine, Isaiah: The Eighth-Century Prophet: His Times and His Preaching*, Nashville: Abingdon Press, 1987.

Hillers, D. R. "A Hebrew Cognate of Unussu/Unt in Is. 33:8." *HTR* 64 (1971) 257-59.

Holmyard, Ⅲ. H. R. "Does Isaiah 33:23 Address Israel or Israel's Enemy?" *BSac* 152 (1995) 273-278.

Jeremias, J. *The Book of Amos: A Commentary*, Westminster John Knox Press, 1998.

Jeremias, Y. 아모스. 서울: 성서와 함께, 2006.

Josephus, Flavius, *Jewish Antiquities*, Wordsworth Editions Ltd, 2006.

Käsemann, E. K. *New Testament Questions of Today*, Engl. trans, London: SCM Press, 1969.

Koch, Hermann. 아모스: 청정한 예언자의 육성. 서울: 현대신학연구소, 1994.

Limburg, James. 현대성서주석: 호세아-미가. 강성열 역. 서울: 한국장로교출판사, 2004.

Mays, James L. *Amos: Old Testament Library*, Westminster John Knox Press, 1969.

Milgrom, Jacob, *Leviticus 1-16*, Anchor Bible vol. 3; New York: Doubleday, 1991.

______, *Leviticus: A Book of Ritual and Ethics*, Minneapolis Fortress Press, 2004.

______, "The Alien in Your Midst," *Bible Review*, 11(6), (1995/12), 18, 48.

Moran, W. L. "The Ancient Near Eastern background of the love of God in Deuteronomy," *CBQ* 25(1963) 77-87.

Murray, R. "Prophecy and the Cult." *Israel's prophetic Tradition: Essays in Honour of Peter Ackroyd*. ed. by R. Coggins et al.; Cambridge: Cambridge University Press, 1982, 200-216.

Nissinen, M. Prophetie, *Redaktion und Fortschreibung im Hoseabuch: Studienn zum Werdegang eines Prophetenbuches im Lichte von Hos 4 und 11*, AOAT 231; Neukirchen Vluyn 1991.

Paul, Shalom M. *Amos: A Commentary on the Book of Amos*, Fortress Press, 1991.

Plöger, O. *Theocracy and Eschatology*, Engl. trans, Richmond: John Knox Press, 1968.

Pritchard, J. B. ed. Ancient *Near Eastern Texts relating to the Old Testament*, 3rd Ed. New Jersey: Princeton University Press, 1974.

Schwantes, S. "A Historical Approach to the 'r'lm of Isa. 33." *AUSS* 3 (1965) 158-66.

Smith, R. 미가. 말라기(WBC). 채천석.채훈 옮김. 서울: 솔로몬, 2001.

Stuart, D. *Hosea-Jonah*. WBC; Nashville: Word Inc. 1987.

Sweeney, M. A. *Isaiah 1-39*, FOTL 16, Grand Rapids: Eederman, 420-32.

Taylor, J. G. *Yahweh and the Sun, Biblical and Archaeological Evidence for Sun Worship in Ancient israel*, JSOTS 111; Sheffield: JSOT Press, 1993

Weinfeld, M., "Sabbatical Year and the Jubilee in the Pentateuchal Laws and their Ancient Near Eastern Background," in Veijola, T. ed., *The Law in the Bible and in its Environment*, The Finnish Exegetical Society, 1990, 39-62.

Weiser, A. 국제성서주석: 호세아, 요엘, 아모스, 즈가리야. 박영옥 역, 서울: 한국신학연구소, 1999.

Wildberger, Hans. *Isaiah 28-39*. Minneapolis: Fortress Press. 2002.

Williamson, H. G. M. *The Book Called Isaiah*. Oxford, 1994.

Wolff, H. W. *Hosea*, Philadelphia: Fortress, 1974.

______, *Joel and Amos* Philadelphia: Fortress, 1977.

아모스와 예언서 해석

초판 1쇄 인쇄　2016년 6월 22일
초판 1쇄 발행　2016년 6월 29일

지 은 이　정중호
펴 낸 이　신일희
펴 낸 곳　계명대학교 출판부
출판등록　제347-1998-1호(1970. 9. 1)
주　　소　대구광역시 달서구 달구벌대로 1095
대표전화　053-580-6233
팩　　스　053-580-6235
홈페이지　www.kmupress.com

ISBN　978-89-7585-752-2　93230　정가 13,000원

이 도서의 국립중앙도서관 출판예정도서목록(CIP)은 서지정보유통지원시스템 홈페이지(http://seoji.nl.go.kr)와 국가자료공동목록시스템(http://www.nl.go.kr/kolisnet)에서 이용하실 수 있습니다.(CIP제어번호: CIP2016015292)